QU'EST-CE QU'UNE CATÉGORIE ?

CHEMINS PHILOSOPHIQUES

Collection dirigée par Magali BESSONE et Roger POUIVET

Sébastien MOTTA

QU'EST-CE QU'UNE CATÉGORIE ?

PARIS

LIBRAIRIE PHILOSOPHIQUE J. VRIN

6 place de la Sorbonne, V^{e}

2025

Imprimé en France
ISSN 1762-7184
ISBN 978-2-7116-3234-3
www.vrin.fr

INTRODUCTION

Catégories ordinaires

Ordinairement, si nous dressons des catégories, c'est pour avoir à notre disposition des *outils pour classer*. Partons de deux exemples tout à fait prosaïques :

– Premier exemple, il peut être utile à une administration – et c'est en fait courant – de classer ou d'organiser ses administrés suivant qu'ils ont telle caractéristique ou telle autre, suivant qu'ils satisfont tel critère ou tel autre, suivant qu'ils possèdent telle propriété ou telle autre, etc. En France et à l'heure où j'écris ces lignes, les demandeurs d'emploi sont par exemple classés suivant 5 catégories (allant de A à E) en fonction de leur statut : un demandeur d'emploi de catégorie D est ainsi « une personne sans emploi, qui n'est pas immédiatement disponible, non tenue d'accomplir des actes positifs de recherche d'emploi ». Ces rubriques – ou comme on dirait parfois mais avec un certain mépris ces « cases » – répondent à un besoin : celui d'appréhender des différences importantes dans les situations des administrés tout en gardant un certain niveau de généralité (niveau de généralité qui semble du reste requis pour tout établissement de règles, lois, ou codes). Une personne qui demande un emploi et qui se trouve être – disons – de catégorie E n'aura par

conséquent pas les mêmes droits ou les mêmes devoirs qu'un demandeur d'emploi – disons – de catégorie B.
– Deuxième exemple, les boxeurs professionnels qui font partie de la catégorie « poids lourds » sont ceux qui pèsent plus de 90,719 kg. Les autres se répartissent dans d'autres catégories : « poids mouches » pour un poids inférieur à 50,802 kg, « poids plumes » pour un poids situé entre 55,338 et 57,152 kg, « poids moyens » pour un poids situé entre 69,853 et 72,574 kg, et ainsi de suite[1]. On dénombre de cette manière quatorze catégories de boxeurs, aux noms pour le moins dépaysants : « poids welters », « poids super-coqs », « poids super-plumes », pour en citer quelques autres. Il y a donc, dans la pratique sportive de la boxe professionnelle, une catégorisation des boxeurs qui les distingue ou les classe en fonction de leur poids. Ce classement s'explique ici aussi, en dernière instance, par un certain dessein : celui d'avoir des combats supposément équitables entre boxeurs de même catégorie.

Nous pouvons extraire de ces deux exemples trois aspects qui nous aideront à entrer dans les difficultés philosophiques propres à la notion de catégorie. Le premier aspect majeur de la notion ordinaire de catégorie est qu'elle permet de *diviser* ou de *partager* une totalité. Vous avez à votre disposition une totalité identifiée (les administrés, les boxeurs). Une division (ou un partage)

1. Ces bizarreries apparentes dans les limites de poids s'expliquent historiquement par le système de mesure utilisé au sein de cette pratique : ce n'est pas le système métrique avec ses kilos et ses grammes mais le système anglo-saxon avec ses livres et ses onces qui gouverne ces catégories. La catégorie des poids lourds correspond ainsi aux boxeurs dont le poids est supérieur à 200 livres (90,719 kg).

s'opère alors sur cette totalité : vous avez après une telle opération plusieurs classes ou catégories obtenues à l'aide de cette division (les poids lourds, les poids légers, etc.). Cette division n'est toutefois jamais une division par un : ce serait en effet tout simplement abandonner le vocabulaire des catégories que de n'en avoir qu'une (qui serait alors indiscernable ou confondue avec la totalité de départ).

Deuxième aspect, cette division n'est pas complètement arbitraire et répond à un *critère* : les administrés ne sont pas classés aléatoirement dans l'une ou l'autre des divisions, mais c'est seulement s'ils satisfont une condition (ou un ensemble de conditions) qu'ils tomberont dans l'une plutôt que dans l'autre. Remarquons que toutes les divisions n'ont pas cette propriété, et qu'il arrive parfois que certaines divisions soient bel et bien arbitraires : c'est par exemple notamment ce qui se produit la plupart du temps dans la répartition des élèves entrant dans un lycée. S'il y a certes plusieurs *classes* de seconde, ces classes ne sont pas pour autant des *catégories* de lycéens de seconde. Ce n'est en effet pas en vertu d'un critère que tel lycéen sera – disons – dans la seconde B, et que tel autre sera – disons – dans la seconde E. Toutes choses égales par ailleurs, la répartition en classes se fait généralement de manière aléatoire, et si l'on parle certes bien de *classes* dans ce genre de cas, ce ne sont pas pour autant des classes au sens de *catégories*. En contraste, lorsque nous parlons en sociologie de *lutte des classes*, nous pensons là à des conflits entre *catégories* de personnes (puisque c'est bien en vertu d'un certain critère – celui disons d'avoir des intérêts communs ou des conditions matérielles de vie similaires – que l'on regroupe des personnes sous ces classes que l'on estime par la suite en lutte).

Cela veut dire qu'il est dans ces contextes nécessaire – pour parler de catégorie – que les éléments que l'on est susceptible de trouver au sein d'une seule et même catégorie partagent des caractéristiques ou des propriétés non triviales. Pourquoi faut-il ici préciser « non triviales » ? Parce qu'il serait en effet trivial de dire – si la répartition a bel et bien été aléatoire – que les élèves de seconde B (disons) partagent la propriété *d'être des élèves de seconde B*. On ne pourrait clairement pas dire qu'ils ont été placés dans cette classe *parce qu'ils* satisfont ce critère (puisqu'ils ne le satisfaisaient pas *avant* d'être des élèves de seconde B). Autrement dit, les propriétés ou les conditions pertinentes qui gouvernent le critère sont généralement considérées comme logiquement *antérieures* à la catégorisation.

Enfin, troisième et dernier aspect important, ces classes ou catégories sont dressées *en vue d'une fin* : c'est en définitive pour répondre à certaines fins – par exemple pour que les combats soient équitables ou pour distinguer des situations sociales différentes donnant lieu à des devoirs et à des droits différents – que ces catégories sont établies. Il est dès lors toujours possible d'examiner et de questionner ces fins. Sans cette fin (ou cet ensemble de fins), le besoin même de catégorisation s'évanouit : s'il n'est plus nécessaire, utile ou requis de distinguer les situations différentes des demandeurs d'emploi pour que les droits et les devoirs qui leur reviennent ou incombent soient différents, il n'y a plus d'intérêt ou de raison d'être à classer les demandeurs d'emploi selon des catégories distinctes. On peut ainsi toujours demander *pour quoi* (en deux mots donc) ces catégories sont dressées.

Si nous récapitulons ces trois aspects que nous venons de relever, cela veut dire qu'un ensemble de catégories – si l'on part du moins de nos systèmes de catégories ordinaires – est le résultat d'une division, division gouvernée par un critère, et orientée vers une certaine fin.

Catégories conventionnelles ou naturelles ?

On dira peut-être de ces catégories familières qu'elles sont tout à fait spéciales en ceci qu'elles sont de part en part *conventionnelles*. De la même façon, les deux exemples sont tirés parmi des catégories que l'on pourrait volontiers qualifier de « sociales ». Il pourrait alors y avoir un air de reproche, et l'accusation d'avoir suivi un mauvais régime d'exemples : peut-être avons-nous simplement caractérisé ainsi les *catégories conventionnelles* et rien ne nous dit que les trois aspects que nous avons relevés pourraient se retrouver également dans des catégories qui ne seraient *pas* conventionnelles. S'il fallait préciser ce reproche, on dira peut-être que ces exemples ont quelque chose d'artificiel, manquent d'universalité, reposent sur des catégories qui sont au bout du compte, comme on dit parfois, purement *nominales*.

Une question difficile est alors celle de savoir s'il y a en contraste (et si oui en quel sens) des catégories *non conventionnelles*. On se demandera ce qui pourrait prétendre jouer le rôle de catégories non conventionnelles. On nous répondra alors peut-être : des catégories *naturelles*. Il y aurait alors d'une part des catégories qui seraient d'une certaine façon de notre fait, qui seraient donc pour ainsi dire *choisies, décidées* ou *instituées* (celles dont nous sommes partis – les catégories de demandeurs d'emploi ou les catégories de boxeurs – en seraient des exemples paradigmatiques) et d'autre part des catégories qui ne seraient pas de notre fait, et seraient en quelque sorte du fait de la nature même ou du monde même. On dira alors peut-être de ces dernières – pour établir un contraste avec les précédentes – qu'elles sont *réelles*.

Il est indéniable que les catégories dont nous sommes partis ont un statut particulier en ceci qu'elles ont notamment une *histoire identifiée* : nous pouvons dire depuis quand elles ont cours, et il nous est aisé d'imaginer *ne plus avoir usage* de ces catégories, les abandonner, ou qu'il y ait à l'avenir un moment où elles deviendraient obsolètes, délaissées, dépassées, etc. Elles semblent donc tout particulièrement *contingentes*. En outre, ces catégories dépendent incontestablement des interactions et des institutions sociales qui forment pour ainsi dire leur milieu d'apparition. En contraste, établir des catégories naturelles reviendrait à mettre au jour des *divisions du monde*, ces divisions suivraient les lignes de démarcation du monde lui-même et révéleraient alors des *vérités* concernant sa structure.

L'opposition entre le naturel et le conventionnel que nous venons d'évoquer risque de donner lieu à une confusion superficielle qu'il faut désamorcer dès à présent. Le risque est de penser que dès lors qu'un ensemble de catégories est conventionnel, c'est qu'il y a à tout instant une forme de contingence en jeu. C'est un risque car il faut veiller à ne pas confondre deux choses : pour revenir sur un de nos deux exemples de départ, il est tout d'abord certainement *contingent* que nous utilisions les catégories de boxeurs en question (dans la mesure notamment où il aurait très bien pu se faire que nous n'en ayons pas l'utilité). Cette contingence indiscutable n'efface cependant pas toute forme de nécessité : il est en effet nécessaire *si* tel boxeur pèse (disons) 56 kilos, qu'il fasse partie de la catégorie des poids plumes (nécessité conditionnelle ou relative). Cette nécessité est – pourrait-on dire – une nécessité conceptuelle : il en va du concept même de « poids plume ». Il est impossible qu'un boxeur de 56 kilos ne soit pas un poids plume car *ce que signifie* « poids plume » exige qu'il en soit un. Cela ne veut évidemment pas dire que l'expression « poids plume » signifie *nécessairement* ce qu'elle signifie, ou qu'elle ne pourrait pas signifier autre chose (elle le pourrait). C'est toutefois *actuellement* ce qu'elle signifie. De la même façon, qu'il y ait une dimension de contingence indéniable dans nos usages des catégories n'est pas non plus forcément le signe de *l'arbitraire* de ces catégories (elles ne sont pas choisies arbitrairement puisqu'elles répondent – comme on l'a vu – à une fin identifiée ou identifiable). Il convient donc de rester vigilant et de ne pas confondre le caractère conventionnel de quelque chose et son caractère totalement arbitraire ou aléatoire.

Toujours est-il qu'il est fréquent d'opposer ces catégories conventionnelles à des catégories *réelles* ou *naturelles*. Comme on l'a dit, ces catégories réelles ou naturelles permettraient de mettre au jour des vérités à propos du monde[1]. Ces vérités auraient alors quelque chose d'éternel ou d'intemporel.

1. Notons qu'il y a en outre des débats brûlants sur la question de savoir si les catégories sociales sont forcément toutes conventionnelles, ou si les catégories sociales sont forcément toutes normatives, ou comme on dit encore parfois, si elles sont toutes *construites* (voir J. Searle, *La construction de la réalité sociale*, Paris, Gallimard, 1998). Cela n'a en effet rien d'évident : il pourrait très bien y avoir des catégories qui sont *à la fois* sociales (dans la mesure où leur matière est la matière

Pour autant, les catégories qui intéressent en premier lieu les philosophes sont souvent présentées comme les catégories *les plus générales* ou les catégories *fondamentales*. Les catégories dont nous sommes partis auraient donc le désavantage d'être trop locales, trop provinciales ou trop spécifiques. Et il en irait tout autant de certaines catégories naturelles ou réelles (s'il y en a) : qu'il y ait par exemple différentes catégories de corps célestes et que ces catégories soient naturelles ou réelles (ne soient donc pas de notre fait et indiquent des divisions saillantes de la réalité elle-même) – étoiles à neutrons, planètes, lunes, etc. – peut être aussi passionnant qu'utile. Pourtant, ce ne sont pas ces catégories qui peuplent ou qui ont traditionnellement peuplé les enquêtes fondamentales des philosophes.

Il faut alors identifier où se situe le débat proprement philosophique. Bien entendu, il y a des grands débats – épistémologiques et inhérents aux sciences dites *cognitives* – autour de nos capacités de classification et de conceptualisation, de leurs conditions d'exercice, de leurs développements et de la multitude de leurs résultats. Ces débats importants ont donné lieu ces dernières années à une littérature foisonnante, mélangeant parfois habilement enquêtes empiriques et percées théoriques. Je vais cependant rapidement indiquer par la suite pourquoi ces débats se situent hors de notre champ d'enquête et ne seront donc guère examinés au cours des pages qui suivent.

sociale – c'est-à-dire touchant à tout ce qui a trait à l'organisation des groupes d'êtres humains) *et* naturelles (c'est-à-dire *aussi* naturelles que les catégories du physicien, du chimiste, etc.). Ces débats ne nous intéresseront pas au cours de ce petit essai, pour des raisons qui apparaîtront clairement dans les paragraphes suivants.

Sur le versant épistémologique, la question du statut des catégories naturelles (ou des « *real kinds* » pour utiliser l'expression de John Stuart Mill) est l'objet de questionnements qui sont assurément parallèles à certains de ceux que nous soulèverons dans ce petit essai. L'opposition entre une forme de réalisme et une forme de relativisme est à ce titre souvent utilisée pour structurer les débats. Et, ici comme ailleurs, cette opposition est parfois ouvertement critiquée ou dépassée. Le philosophe des sciences M. A. Khalidi insiste par exemple sur le besoin de tracer une voie médiane entre une forme d'essentialisme (qui appréhende les catégories naturelles comme les constituants du réel) et une forme de conventionnalisme ou de constructivisme social (qui voit les catégories naturelles comme de pures inventions aux finalités pratiques ou sociales)[1]. Cette voie médiane souhaitée serait fondamentalement naturaliste et serait notamment guidée par des considérations épistémologiques (les catégories nous aident à prévoir et à expliquer, mais elles n'y parviennent que dans la mesure où elles sont sensibles à des régularités et à des motifs présents dans le monde naturel) et donnerait lieu à des catégories entièrement suggérées par nos meilleures théories ou nos connaissances les plus fermement établies à propos du monde. Pour autant, les catégories sur lesquelles nous sommes ainsi susceptibles d'arriver semblent en tout état de cause radicalement différentes des catégories fondamentales qui occupent traditionnellement les philosophes.

1. M. A. Khalidi, *Natural Categories and Human Kinds – Classification in the Natural and Social Sciences*, Cambridge, Cambridge University Press, 2013.

De la même façon, sur le versant cognitiviste, on a souvent remarqué – en particulier à la suite des travaux d'E. Rosch – que nos classifications ou nos catégorisations répondaient davantage à des effets dits de « protoype » et de « vague » qu'à des conditions nécessaires et suffisantes strictes : on regroupe volontiers certaines choses ensemble davantage parce qu'elles se ressemblent que parce qu'elles ont un (ou plusieurs) ingrédient(s) en commun [1]. Ces effets – aussi importants qu'ils soient pour la catégorisation *en général* – semblent toutefois à première vue assez éloignés des réflexions philosophiques traditionnelles sur les catégories strictement *fondamentales*.

DES CATÉGORIES PHILOSOPHIQUES ?

Comment expliquer et justifier alors cet intérêt pour ces catégories fondamentales ? Un exemple de justification passera par des considérations comme celles-ci : « poids plume » est certes une catégorie de boxeur mais les boxeurs à un niveau plus fondamental sont un certain type de choses, à savoir des *êtres humains* (la catégorie des êtres humains englobe celle des boxeurs). De la même façon, les êtres humains sont au fond des sortes d'animaux (la catégorie des animaux englobe celle des êtres humains). Peut-on alors à ce stade dire sur le même modèle que les animaux sont eux aussi des sortes de… ? La pertinence de la question et les réponses que l'on est susceptible d'apporter sont tout de suite moins évidentes. On sera peut-

1. Voir le très bon livre, dans la lignée des travaux de Rosch, de G. Lakoff, *Women, Fire, and Dangerous Things. What Categories Reveal about the Mind*, Chicago, The University of Chicago Press, 1987. Pour un panorama plus récent (et résolument éliminativiste) de la psychologie des concepts, voir E. Machery, *Doing without Concepts*, Oxford, Oxford University Press, 2009.

être tenté de répondre : « oui, ce sont des sortes *d'objets matériels* » mais c'est à cet endroit qu'interviennent des difficultés que l'on qualifiera précisément de *catégoriales*.

Quelles sont en l'espèce ces difficultés ? La première est qu'il n'est pas clair de savoir ce qu'est un objet matériel ; en particulier car la question de savoir à quels critères d'individuation et d'identité doit répondre un objet matériel est loin d'être évidente (qu'est-ce qui doit compter comme *un seul* objet matériel, et qu'est-ce qui doit compter comme un *autre* objet matériel ?). Il n'est en outre pas non plus évident que la bonne façon de concevoir ce qu'est un animal passe par cette description. Un animal est-il un *simple* objet matériel ? Cela ne va pas de soi, en particulier parce que le rapport d'un animal à la matière qui le constitue est bien plus complexe que celui d'une motte de terre à la matière qui la constitue – un animal peut notamment persister à travers différentes sortes de changements (et notamment des changements *de matière*), il a un environnement propre dont il se distingue et dont il ne saurait pour autant se passer, il a des conditions de persistance qui lui sont propres, et ainsi de suite. Il est donc difficile de concevoir un animal comme un *simple* objet matériel alors qu'il est tentant de concevoir un animal justement *par contraste* avec un simple objet matériel (on reprochera ainsi facilement à quelqu'un de se comporter avec un animal comme s'il s'agissait d'une simple chose inerte).

C'est à cet endroit que la terminologie proprement philosophique fait alors irruption : on dira volontiers qu'un animal est ce que l'on appelle *une substance*. Ce terme de « substance » est dès lors conçu comme un terme pour une catégorie philosophique fondamentale. On dira qu'une substance est notamment ce qui peut rester identique à travers des changements (ou pour le dire de manière plus aristotélicienne « ce qui peut recevoir des contraires »). Ce n'est pas vrai de toutes les catégories philosophiques fondamentales. Un lieu ne peut pas changer de lieu, mais un animal peut changer de lieu tout en restant le même. C'est Aristote qui a déclenché l'avalanche de littérature sur les catégories et nous aurons l'occasion par la suite de revenir sur la doctrine aristotélicienne, en commentant le petit texte dans lequel nous rencontrons pour la première fois l'illustre liste des dix catégories fondamentales.

Bien évidemment, les considérations qui précèdent sont discutables à chaque étape de leur développement, et donnent lieu dans l'histoire de la philosophie à des oppositions gigantesques. Il s'agit simplement de signaler ici comment cette idée de *catégories fondamentales* peut surgir et se justifier. Une idée assez commune est que – si l'on parle de catégories ou de « genres » – les catégories qui intéressent les philosophes sont les catégories « les plus hautes ».

Des exemples paradigmatiques de catégories philosophiques seraient alors les catégories de *substance*, d'*événement*, de *qualité*, de *propriété*, de *lieu*, de *relation*, etc. Ces catégories peuvent sembler du reste assez éloignées de nos exemples de départ (de boxeurs et de demandeurs d'emploi). Une difficulté importante est alors de savoir si elles sont éloignées au point d'être un simple cas d'homonymie (on parle certes de *catégorie* dans les deux cas, mais cela ne signifie pas vraiment ou pas du tout la même chose) ou s'il s'agit au fond d'un seul et même concept, qui est tantôt utilisé de manière ciblée ou restreinte, et tantôt de manière plus englobante ou moins restreinte.

Il y aurait alors dans cette dernière lecture deux types de catégories : d'une part, les catégories « les plus hautes », et d'autre part des catégories « plus basses », moins fondamentales. C'est donc parce qu'il existe une grande tradition qui met à part les catégories philosophiques (on pourrait dire « métaphysiques ») que je ne m'aventurerai pas dans ce petit essai sur le terrain – parfois miné – des catégories sociales, ou que les questions relevant de la psychologie du développement ou des sciences cognitives seront absentes.

Je remarque que certaines questions semblent néanmoins bel et bien se poser autant dans le cas des catégories ordinaires (ou naturelles, ou conventionnelles, ou cognitives) que dans le cas des catégories philosophiques (on demandera par exemple *de quoi* ce sont les catégories, ou ce qui *distingue* une catégorie d'une autre), et que l'opposition problématique évoquée précédemment entre catégories conventionnelles et catégories naturelles n'est pas réglée en précisant qu'il s'agit de catégories *philosophiques*. Il n'est en effet pas clair de savoir si les catégories philosophiques relèvent d'une pure convention ou si elles sont au contraire à comprendre sur le modèle des catégories naturelles (ou s'il s'agit là au bout du compte d'une fausse dichotomie). Nous aurons l'occasion de revenir sur ce dernier point.

TROIS GRANDES OPTIONS

Toujours est-il que cette opposition entre des catégories conventionnelles et des catégories naturelles cristallise trois grandes options traditionnelles dans les débats sur les catégories philosophiques : pour la première option, les catégories qui intéressent les philosophes seraient des catégories *du monde lui-même* (et la tâche philosophique serait donc de les découvrir, de les mettre au jour). Seconde option, les catégories seraient des catégories que nous *plaquons* sur le monde (et que nous serions donc libres de changer selon notre fantaisie ou qui varieraient en fonction de nos intérêts, de notre histoire, etc.). La troisième grande option essaie de combiner certains aspects des deux premières : les catégories pourraient *à la fois* être intimement liées à nous (il y aurait ainsi une dimension indépassable de relativité dans les catégories) et en même temps elles ne seraient pas pour autant conventionnelles : invariantes, nous ne pourrions notamment pas les changer à notre guise. Dans cette dernière perspective, les catégories pourraient alors être tantôt conçues comme les catégories universelles de notre pensée à propos du monde, tantôt comme les catégories de notre langage pour décrire le monde, ou tantôt encore comme les concepts clés ou fondamentaux de notre armature conceptuelle pour appréhender ou connaître le monde.

S'il y a de sempiternels débats quant à la question de savoir où situer parmi ces trois options le philosophe pionnier des études sur les catégories (Aristote), débats sur lesquels nous aurons l'occasion de revenir dans la seconde partie de ce petit ouvrage, il est clair que c'est Emmanuel Kant qui est le plus illustre des représentants de la troisième de ces options. Je dis à présent rapidement et à titre d'illustration quelques mots de la position kantienne.

De la même façon qu'il y a, selon Kant, des contraintes qui pèsent sur les *intuitions* possibles des objets (celles-ci ne sont possibles que par le prisme de l'espace et du temps), il y a des contraintes qui pèsent sur les *conceptions* possibles que l'on peut entretenir à propos des objets. Ces dernières contraintes peuvent être la cible d'une enquête, d'un type tout à fait spécial, qui aboutit aux formes les plus générales caractéristiques de toute conception possible. Autrement dit, nos capacités elles-mêmes contribuent à leur façon à toutes nos expériences et à toutes nos connaissances. En particulier, notre capacité à avoir une pensée qui mobilise des concepts contribue à sa façon, précisément parce qu'elle est la capacité qu'elle est, à nos expériences et à nos connaissances en les structurant de certaines façons, façons qu'il est – selon Kant – possible de lister. C'est cette liste qui donne à Kant un système de catégories (système qu'il place lui-même – de manière pourtant discutable – dans la droite lignée d'Aristote).

Parce que l'usage des concepts ne se fait qu'à travers un jugement, Kant dresse en effet notoirement, dans la première des *Critiques*, une « Table des catégories » parallèle à une table des formes du jugement (ou des fonctions logiques des jugements)[1]. Ces douze catégories (regroupées par triplets sous quatre bannières : quantité, qualité, relation, modalité) sont exhaustives (il ne saurait y en avoir d'autres)[2], sont établies par une méthode explicite (par une double « déduction métaphysique » et « déduction transcendantale »), et balaient en résultat les concepts purs de l'entendement, concepts par lesquels le « divers de l'intuition » (les hétérogènes réceptions de notre capacité à être affecté) peut être structuré (peut se

1. E. Kant, *Critique de la raison pure*, trad. fr. A. Renaut, Paris, GF-Flammarion, 3e éd. 2006, p. 163.

2. Les catégories kantiennes sont constituées par les concepts qui « contiennent a priori la pensée pure » : sous la bannière de la *quantité* : Unité, Pluralité, Totalité. Sous la bannière de la *qualité* : Réalité, Négation, Limitation. Sous la bannière de la *relation* : Inhérence-subsistance, Causalité-dépendance, Communauté. Sous la bannière de la *modalité* : Possibilité-Impossibilité, Existence-Non-existence, Nécessité-Contingence. Une partie substantielle de la *Critique* est dédiée à justifier cette liste, à l'expliciter et à l'articuler.

prêter à ce que Kant appelle une « synthèse ») et donner ainsi lieu à des pensées[1]. Si toute connaissance est nécessairement un mélange entre l'œuvre des capacités d'intuition (de réception) et l'œuvre des capacités de conceptualisation (d'articulation), les conditions *a priori* gouvernant l'exercice de ces différentes capacités vont en effet déterminer différentes formes, et c'est – dans le cas de la conceptualisation – cette détermination qui engendre cette table des catégories.

S'il y a des grands débats concernant l'interprétation et l'évaluation du projet kantien, il ne fait toutefois pas de doute, pour ce qui nous intéresse actuellement, que les concepts fondamentaux que nous rencontrons dans la table des catégories dressée dans la première *Critique*, ne sont *pas* des concepts *empiriques*. Kant n'arrive pas à ces concepts par le biais d'une exploration du monde naturel. Il reproche d'ailleurs explicitement à Hume d'avoir essayé de procéder de cette façon[2]. Pour autant, ces concepts ne font pas l'objet d'un choix mais sont déterminés de manière non arbitraire. Ces deux aspects signalent donc une certaine direction que peut prendre une réflexion strictement philosophique sur les catégories. L'exploration prend alors la forme d'une enquête sur les conditions de la pensée. Reste qu'il y a encore, dans cette

1. Plus précisément, dans la doctrine kantienne, les concepts purs de l'entendement que l'on trouve dans cette table des catégories s'appliquent davantage à une sorte de niveau intermédiaire des représentations, des expériences et des phénomènes qui, *eux*, s'appliquent ou traitent des objets eux-mêmes. Cette subtilité est, pour ce qui m'intéresse à présent, négligeable.

2. « Toutes les tentatives menées pour dériver de l'expérience ces concepts purs de l'entendement et leur assigner une origine simplement empirique sont donc totalement vaines et inutiles. » (E. Kant, *Critique de la raison pure*, *op. cit.*, p. 185).

troisième voie, de nombreux points de rupture où des divergences philosophiques radicales sont susceptibles de se manifester.

Sortons donc de la doctrine kantienne et reprenons notre enquête là où nous l'avions laissée. Nous l'avions entamée en distinguant trois aspects concernant les catégories ordinaires. Je les rappelle à notre attention : les catégories sont d'abord conçues comme le résultat d'une division ; cette division est gouvernée par un critère ; les catégories sont dressées en vue d'une certaine fin. Nous avions également annoncé que ces trois aspects nous aideraient à entrer dans les difficultés philosophiques concernant les catégories. Voyons maintenant comment. Ces trois aspects donnent en effet lieu à plusieurs types de difficultés applicables aux catégories philosophiques [1], difficultés que nous allons articuler dans les trois prochaines sections.

De quoi les catégories sont-elles les catégories ?

Un grand contraste entre les catégories ordinaires et les catégories philosophiques est qu'il n'y a pas de mystère – dans le cas des catégories ordinaires – quant à la question de savoir *ce qui est catégorisé.* Si je parle des catégories *de boxeurs*, ce sont les boxeurs qui sont ainsi catégorisés ou placés dans des catégories. D'une manière générale, comme nous l'avons déjà noté, le point de départ d'un système de catégories ordinaires est une totalité identifiée (les catégories ainsi dressées sont

1. Je dis qu'elles sont applicables parce qu'elles ont *de fait* été l'objet d'une attention soutenue de la part des philosophes. Le parallèle entre les catégories ordinaires et les catégories philosophiques se révèle ici précisément parce que les questions qui suivent se sont posées.

inintelligibles sans ce point de départ – autrement dit on ne comprendrait pas l'usage de « poids plumes » si on ne comprenait pas l'usage du terme « boxeur »). Dire ici « une totalité identifiée » veut simplement dire que l'on a identifié de quoi on parlait, et ce qui sera ainsi catégorisé. Bien évidemment, dire que les catégories philosophiques sont quant à elles les catégories les plus fondamentales ne dit encore rien quant à la question de savoir *de quoi les catégories sont les catégories.*

Si les catégories doivent se comprendre comme les divisions d'une *totalité*, une grande difficulté est donc celle d'identifier la totalité que prétendent diviser les philosophes. Quelle est cette totalité ? S'agit-il de *la réalité* ? S'agit-il *du monde* ? S'agit-il de *l'être* ? S'agit-il de *nos concepts* pour appréhender la réalité ? S'agit-il des *mots* que nous utilisons pour décrire la réalité ? S'agit-il de nos *pensées* ou de *nos jugements* ? S'agit-il de nos *significations* ? Ou bien s'agit-il d'une totalité non pas substantielle mais d'une totalité à comprendre au sens de la *généralité* (et qui n'est donc pas divisible *au même sens* que des totalités identifiées) ? Autrement dit, si les catégories sont des divisions non aléatoires, *de quoi* sont-elles les divisions ? Cette question constitue alors un des terrains principaux sur lesquels s'affrontent les titans philosophiques.

LES CRITÈRES D'ÉTABLISSEMENT DES CATÉGORIES

Si les catégories sont dressées suivant un critère (ou on dira parfois « selon un principe »), se pose alors avec une certaine urgence la question de la manière d'obtenir ce critère et de la pertinence de ce critère.

Quel critère est en effet utilisé pour dresser la liste des catégories, et comment justifie-t-on le choix d'un tel critère ? Quelle méthode doit être utilisée pour mettre au jour ce critère ? Faut-il en passer par une réflexion *a priori* ? Doit-on fournir (à la manière kantienne) *des arguments transcendantaux* (c'est-à-dire des arguments qui partiraient de certains aspects de notre expérience ou de nos jugements pour déduire que faute de tel ou tel critère, notre expérience ou nos jugements seraient dès lors impossibles) ? Doit-on découvrir *de manière empirique* quel critère il faut utiliser ? Revient-il alors à la science de nous apprendre quel(s) critère(s) nous devons utiliser ? Faut-il *naturaliser* les catégories philosophiques elles-mêmes et estimer par exemple que ce sont les meilleures théories scientifiques à notre disposition qui fournissent au bout du compte les seules catégories dignes de notre considération ? Doit-on alternativement partir de nos usages ordinaires et les garder scrupuleusement en ligne de mire pour ne pas risquer de dépasser les conditions d'intelligibilité de nos propos ? Autrement dit, s'il y a bel et bien des catégories *philosophiques*, la question de savoir comment atteindre ces catégories va constituer un deuxième terrain d'affrontements philosophiques colossaux. Et s'il y a des philosophes pour qui cette question méthodologique est l'objet d'une attention continue, il y a au surplus des philosophes (et pas des moindres puisque nous verrons que c'est notamment le cas d'Aristote) qui utilisent ou introduisent des catégories philosophiques sans vraiment préciser quel procédé a été mis en œuvre justifiant leur usage.

LA FINALITÉ DES CATÉGORIES

Il y a – dans les exemples de catégories ordinaires – une ou plusieurs fins facilement identifiables qui assoient d'une certaine façon la raison d'être des catégories ainsi dressées. Nous catégorisons par exemple les armes pour que la détention de certaines soient strictement interdites, tandis que d'autres pourront, sous certaines conditions, être achetées, vendues, etc. Les distinctions de catégorie que nous faisons au sein des armes sont en quelque sorte guidées par cette finalité pratique.

Maintenant, si nous estimons que la fin (ou qu'un ensemble de fins) guide également d'une manière ou d'une autre les catégories philosophiques, la question de l'identification de cette fin surgira de manière implacable. Si les catégories fondamentales sont dressées (ou même obtenues, dévoilées, déduites) en vue d'une fin, quelle doit être exactement cette fin ? Les options philosophiques face à cette question seront aussi variées que lors des difficultés précédentes. La fin qui guide nos catégories philosophiques est-elle la *connaissance* ? Est-ce en vue de la *possibilité de la connaissance* que les catégories philosophiques sont dressées ? Est-ce pour structurer notre expérience ? Est-ce alternativement en vue de la *compréhension* ou de *l'intelligibilité* ? Est-ce, autre option, en vue de la *communication* ? Est-ce en vue de la *survie* ? Dresse-t-on, au bout du compte, des catégories philosophiques pour des motifs tout aussi pratiques que pour nos catégories ordinaires (mais qui nous échapperaient) ? On découvre alors que la question du *pour quoi* des catégories philosophiques est, à son tour, un troisième terrain de gigantesques conflits.

On comprend aisément – devant le caractère monumental des trois grandes familles de questions qui précèdent – que le champ des positions possibles concernant le statut des catégories en philosophie et la place qu'elles sont censées y jouer est extraordinairement vaste et périlleux. Il y a un risque concomitant de nous engager dans un dialogue de sourds lors des discussions si nous donnons ou présupposons, en amont ou de manière implicite, des réponses radicalement différentes à ces questions. Cette indétermination quant à ce que les catégories sont ou peuvent être (c'est-à-dire quant à ce que signifie l'expression « catégorie » quand elle est utilisée dans ces contextes) est caractéristique de la condition dans laquelle nous nous trouvons face à la disparité des discours philosophiques quand des termes de l'art y sont utilisés. Il va donc de soi qu'il ne sera pas possible, au cours de ce petit essai, de parcourir de manière exhaustive les options qui s'offrent à nous, d'en évaluer les mérites et de proposer une analyse comparative qui établirait, une fois pour toutes, la *bonne* façon d'entendre un tel terme de l'art. Reste que nous pouvons proposer, en guise d'élucidation, quelques considérations qui peuvent nous épargner certaines confusions.

DISCRIMINATION ET CATÉGORISATION

Sans doute est-il tout d'abord utile de distinguer deux opérations qui risquent d'être confondues : une opération de discrimination (en oubliant toutefois les connotations politiques ou sociales du terme, comme celles que l'on retrouve lorsque l'on parle par exemple de « discrimination à l'embauche ») d'une part et une opération de catégorisation d'autre part. La différence se loge dans la différence radicale de force normative des deux opérations. Illustrons cette différence. On pourrait dire qu'un capteur lumineux peut faire la différence (peut discriminer) entre le jour et la nuit (puisqu'il s'active la nuit et se désactive le jour venu). Il y aurait cependant quelque chose de grotesque à dire que le capteur « catégorise » ou « a catégorisé » (le jour et la nuit). La raison pour laquelle ce serait grotesque est qu'il n'y a pas du tout, dans le cas du capteur, de force normative en jeu : il n'est pas question, pour le capteur, d'être correct ou d'être incorrect (si j'obstruais le capteur, il n'y aurait pas une *erreur* de sa part à se désactiver). Sa discrimination actuelle n'a pas, en particulier, une force contraignante pour les discriminations futures (il ne s'y réfère pas, ne l'utilise pas comme étalon, etc.). Il semble qu'en contraste, la catégorisation (qu'elle soit philosophique ou non) ait bel et bien cette dimension normative. La catégorisation est donc forcément une opération d'un être doté de langage (tandis que ce n'est pas forcément le cas pour une opération de discrimination). Pour dire les choses trop rapidement, disons que tout classement (et toute catégorisation) présuppose sans doute une discrimination ou une autre (au moins en principe, si ce n'est pas en fait), tandis que toute discrimination ne présuppose pas un classement ou une catégorisation. Il y a en particulier tout un tas de choses pour lesquelles il est tout simplement absurde de dire qu'elles s'engagent dans cette opération de catégorisation ou qu'elles catégorisent.

Classer et ranger

Une deuxième façon d'avancer est de bien distinguer deux autres opérations, parfois également confondues, confusion qui risque pourtant de masquer deux régimes logiques sensiblement différents : celle de *classer* d'une part et celle d'*ordonner* ou de *ranger* d'autre part. On parle en effet parfois de *classement* quand il serait sans doute plus approprié de parler de *rangement*, et inversement. Pour saisir la différence visée ici, il suffit de remarquer qu'un classement donne lieu à des *classes* tandis qu'un rangement donne lieu à des *rangs* : la première est donc, pourrait-on dire, gouvernée par l'objectif de regrouper les éléments d'un tout hétérogène sous des bannières différentes, la seconde est gouvernée par l'objectif d'*ordonner* les éléments d'un tout homogène selon un principe d'ordre. Je peux classer les divers éléments qui se trouvent sur mon bureau et regrouper (disons) les feuilles dans un coin, les câbles informatiques dans un autre, les feutres dans un troisième, etc. Ce faisant, j'ai *classé* les éléments hétérogènes de mon bureau sous des bannières différentes (les feuilles, les câbles, les feutres, etc.). Pour autant, aucune *relation d'ordre* n'a guidé mon action (même si on sera sans doute tenté de dire dans ce genre de cas que l'on a « mis de l'ordre » ou « rangé »).

Si je prends en revanche – comme un tout homogène – les éléments qui se trouvent sur mon bureau, je peux alors dresser des *rangs*, par exemple des rangs de taille : j'ordonne par exemple les éléments de mon bureau du plus petit au plus grand. S'ensuit alors une série de *rangs* : le plus petit élément se trouve disons à gauche (et il s'agit par exemple d'un trombone) – suivi à droite d'un élément un peu plus grand (disons un feutre), suivi encore d'un élément plus grand que le précédent (par exemple une feuille), etc.

On remarque alors – et c'est un point important – que l'on peut considérer *le même tout* (ici les éléments de mon bureau) tantôt comme hétérogène (et je peux alors m'adonner à un classement), et tantôt comme homogène (et je peux alors m'adonner à un rangement). Cette différence entre classement et rangement est une différence technique qui a néanmoins son importance. Comment cette différence se manifeste-t-elle ? Elle se manifeste en ceci que ces deux opérations donnent lieu à deux relations formellement différentes : une *relation d'équivalence* dans le cas du classement et une *relation d'ordre* dans le cas du rangement. Lorsque je classe, une relation d'équivalence tient alors entre les éléments de la classe : chacun des éléments a pour ainsi dire le même statut. Lorsque je range, en revanche, c'est une relation d'ordre qui hiérarchise ou ordonne les éléments rangés.

Ces deux relations binaires ont en particulier des propriétés formelles bien distinctes :

– Une relation d'équivalence est une relation *réflexive* (toute chose est équivalente à elle-même), *symétrique* (si une première chose est équivalente à une seconde, alors la seconde est équivalente à la première, quelles que soient ces deux choses) et *transitive* (si une première chose est équivalente à une seconde et que cette seconde chose est équivalente à une troisième, alors la première est équivalente à la troisième, quelles que soient ces trois choses).

– Une relation d'ordre en revanche n'est *pas* symétrique mais est *irréflexive*, *transitive* et *antisymétrique* (si une première chose est dans une certaine relation d'ordre à une seconde chose et que cette seconde chose est dans la même relation d'ordre à la première, alors la première et la deuxième sont égales, quelles que soient ces deux choses).

Pour bien distinguer ces deux opérations, disons alors que la première – le classement – donne lieu à une *typologie* tandis que la deuxième – l'ordre ou le rangement – donne lieu à une *hiérarchie*.

Si nous revenons sur notre exemple inaugural, nous voyons que nous avons affaire dans le cas des demandeurs d'emploi à un cas de *classement typologique* : c'est une relation d'équivalence qui gouverne la constitution des catégories de demandeurs d'emploi. Aucune relation d'ordre n'y est en jeu. Nous avons regroupé sous des bannières différentes (A, B, C, D, et E) des personnes dans des situations différentes mais nous ne les avons pas *hiérarchisées*.

Maintenant, s'il semble clair que je peux classer sans ranger (je peux établir des différences de type sans forcément les hiérarchiser), il semble difficile de dire que je puisse ranger sans classer : ranger, comme on l'a vu, présuppose que l'on a considéré en amont un tout comme homogène, et cette considération est sans doute déjà la marque d'un classement typologique. Il faut en outre remarquer qu'il est discutable que ces deux opérations (classement et rangement) puissent fonctionner de manière *non restreinte*. Je veux dire par là qu'il y a déjà un certain type de restriction à l'œuvre dans ces opérations familières qui consistent à classer, à ranger ou à ordonner : lorsque je classe les éléments de mon bureau, je classe *les éléments de mon bureau*, lorsque j'ordonne les éléments de mon bureau, j'ordonne *les éléments de mon bureau*. Je me suis donc déjà donné quelque chose à ordonner ou à classer. Autrement dit, dans les deux cas, il y aura une restriction quant à ce qui compte comme un élément de mon bureau. Pour classer les éléments de mon bureau, je ne compterais typiquement pas parmi ces éléments un grain de litière déposé sur le bureau par mon chat, une puce laissée par ce même chat, ni même le chat en question qui déciderait d'y faire sa toilette. Aucune de ces trois choses n'est une *affaire de bureau* paradigmatique et sera donc exclue de telles opérations de rangement ou de classement. Autrement dit, et cela rejoint un point que nous avons soulevé plus tôt, il semble que pour comprendre l'opération de classement ordinaire, il me soit nécessaire d'avoir *déjà classé* la totalité de départ sur laquelle portera l'opération. De la même façon pour l'opération de rangement (ou d'ordre), il me faut *déjà savoir ce que j'ordonne* pour ensuite dresser les différents rangs pertinents. Ce qui semble distinguer ces opérations ordinaires des opérations strictement philosophiques du même nom, c'est la radicalité de l'entreprise puisque la prétention est alors qu'il n'y ait *aucune* restriction en jeu. Or, comme nous le verrons, cette radicalité présente un certain nombre de difficultés.

Philosophiquement, cette différence entre *typologie* et *hiérarchie* est au cœur des disputes sur le statut des catégories fondamentales : les catégories philosophiques sont-elles des *types* (n'impliquant donc pas une hiérarchie) ou s'intègrent-elles au contraire dans une *hiérarchie* (avec éventuellement une relation d'ordre entre elles) ? L'établissement des catégories proprement philosophiques relève-t-il d'un classement ou d'un rangement ? Les catégories philosophiques doivent-elles se comprendre comme des classes (de choses) ou comme des rangs (entre les choses) ?

TYPES, GENRES ET CATÉGORIES

Il n'est pas rare que les catégories philosophiques soient dressées avec la prétention de prendre en compte ces deux dimensions : il y aurait bel et bien une dimension de classement (on chercherait à rassembler le tout hétérogène de la réalité sous des bannières différentes : on a ici une substance, là un lieu, etc.), mais aussi une dimension de rangement (on chercherait à établir une sorte de hiérarchie entre les êtres – nous aurons l'occasion de voir par exemple comment la catégorie de substance a, pour Aristote, un statut tout à fait particulier au sein d'un ordre du monde). Or notons que ce n'est pas *tout le temps* le cas : c'est parfois seulement la dimension de *classement typologique* qui ressort de certains projets philosophiques d'un établissement des catégories et les images de *l'inventaire du monde* ou du *mobilier du monde* qui sont alors très souvent utilisées prendront le dessus. Il existe une grande tradition spéculative qui estime que c'est précisément le rôle d'une branche de la philosophie appelée « ontologie » que de dresser un tel inventaire. L'ontologie serait en quelque sorte la science suprême puisqu'elle prétendrait s'intéresser au monde ou à la réalité mais d'une façon qu'aucune autre science ne saurait le faire. Puisqu'une telle discipline ne saurait s'engager dans la tâche impossible de lister tout ce qui existe, elle prétend habituellement se limiter à la tâche plus raisonnable de lister tous les *types de choses* qui existent. Ce sont ces *types de choses* qui sont alors présentés comme des « catégories ontologiques ».

Cette image de l'inventaire et le projet philosophique qui en découle génèrent pourtant de nombreuses difficultés. Nous ne pourrons évidemment pas toutes les explorer. Reste qu'il y a parmi ces difficultés celle du rôle ou du statut des *individus* (des choses individuelles) dans l'établissement des catégories. Le magasinier, lorsqu'il établit son inventaire distinguera bien deux étapes : celle qui consiste d'abord à identifier le *type de choses* considéré et celle qui consiste ensuite à compter le nombre d'individus qui « tombent sous » ce type de choses (*i.e.* les individus pour qui *il est vrai qu'ils sont de ce type*). Prenons un exemple : lorsqu'une enseigne de jardinage fait son inventaire, il peut arriver que (disons) sous le type « brouette », l'employé en dénombre dans son stock un certain nombre (disons 3). Il y aura alors trois brouettes individuelles en inventaire. Cette approche, parfaitement acceptable dans les contextes ordinaires, est toutefois hasardeuse dans l'entreprise radicale d'un inventaire du monde car elle risque de supposer des *purs individus* (dont on devra déterminer s'ils sont des substances ou des qualités, ou des temps, etc.).

Wittgenstein, dans un passage célèbre du *Cahier Bleu*, remarquait qu'une ambiguïté systématique grevait notre compréhension du terme « genre » (*kind*). Cette ambiguïté se propage naturellement pour le terme « catégorie ». Nous sommes souvent tentés de faire des différences de genre lorsque nous philosophons (on dira par exemple qu'un chiffre et un nombre ne sont pas *le même genre* d'objet), mais nous restons souvent confus en modelant cette différence sur une différence qui n'est justement pas une différence de genre. Nous sommes par exemple tentés de dire (pour reprendre l'exemple de Wittgenstein) qu'un « train de chemin de fer, une gare de chemin de fer et un wagon de chemin de fer » sont des genres d'objet différents alors que la différence que nous visons est plutôt analogue à celle que nous soulevons lorsque nous disons qu'un « train de chemin de fer, un accident de chemin de fer, et un code de chemin de fer sont des genres d'objets différents »[1].

CONCLUSION

Ce que l'on entend en philosophie par le terme de « catégorie » présente une difficulté particulièrement redoutable puisqu'il oscille alors entre deux usages. Dans le premier usage, on va présupposer, lorsque l'on parle de catégories, que sont en jeu des concepts *individuants* : on a affaire à une catégorie quand on regroupe une multiplicité de *choses* sous un concept englobant[2]. Cet usage est alors très proche de l'usage ordinaire dont nous sommes partis, et les catégories philosophiques ne sont envisagées que comme une sorte d'extension de celles-ci (d'où l'idiome des catégories « les plus hautes »). La catégorie « bouteille » regroupe toutes les bouteilles individuelles, de telle sorte qu'il est en principe toujours possible – même s'il y a en pratique des obstacles insurmontables – de faire le *décompte* des choses qui sont des bouteilles. De la même façon, dira-t-on, dans le cas des catégories philosophiques : la catégorie de lieu regroupe tous les lieux individuels, la catégorie de substance regroupe

1. Voir L. Wittgenstein, *Le Cahier Bleu et le Cahier brun*, Paris, Gallimard, 1996, p. 121.

2. C'est aussi pour cette raison que l'on peut parfois lire qu'il n'y a pas de différence entre un *type* et une *catégorie*. Par exemple, le livre militant de la philosophe islandaise Ásta commence d'emblée en stipulant qu'une catégorie « fait référence à une classe d'objets ou de matières (*stuffs*) définie par une propriété unifiante. Elle est donc dans le monde, pour ainsi dire, par opposition à une entité mentale ou sémantique ». Les termes « catégories » et « types » sont donc, dans son usage, interchangeables. Voir Ásta, *Categories We Live By*, Oxford, Oxford University Press, 2018, p. 1-2.

toutes les substances individuelles, etc. Dans le second usage, on ne veut surtout pas faire un tel présupposé : dire par exemple que « rouge » et « assis » sont dans des catégories différentes n'est pas une façon de dire que l'inventaire des choses rouges et des choses assises n'est pas le même, puisque « rouge » et « assis » ne sont précisément *pas* des concepts individuants, si bien qu'un tel inventaire est tout bonnement impossible (mais pas en vertu d'obstacles pratiques). C'est cette difficulté et sa permanence au cours des siècles qui a guidé le choix des deux textes qui suivent.

TEXTES ET COMMENTAIRES

TEXTE 1

ARISTOTE

Catégories [1]

Les types de termes « dits sans combinaison »

Chacun des termes qui sont dits sans aucune combinaison indique soit une *substance*, soit *une certaine quantité*, soit *une certaine qualité*, soit un *rapport à quelque*

1. Aristote, *Catégories*, chap. IV, 1b25, 2a10. Le texte grec a donné lieu à de nombreuses traductions et à de bien plus nombreuses difficultés de traduction. Nous avons retenu ici la traduction de M. Crubellier et P. Pellegrin que l'on trouve dans les *Œuvres complètes* (Paris, Flammarion, 2014). Il y a un certain intérêt philosophique à comparer les traductions relativement récentes de ce petit ouvrage. Comment expliquer en effet que l'on puisse traduire le même terme (οὐσία) tantôt par « une substance » (trad. Bodéüs), tantôt par « la substance » (trad. Tricot) et tantôt par « Essence » (trad. Ildefonse et Lallot) ? Que signifient les expressions traduites tantôt par « sans aucune liaison » (Tricot), tantôt par « sans combinaison » (Ildefonse et Lallot), ou encore par « sans connexion » (Bodéüs) ? Comment expliquer qu'il y ait des différences grammaticales dans la traduction des exemples donnés par Aristote pour illustrer les catégories (par exemple « Il coupe » pour Tricot, « amputer » pour Bodéüs, « couper » pour Ildefonse et Lallot) ? Nous aurons l'occasion dans le petit commentaire suivant de proposer quelques clés de compréhension. *Cf.* la traduction de J. Tricot (Paris, Vrin, rééd. 2008) – qui a longtemps prévalu en France et proposée dans sa première édition en 1936 ; la traduction de R. Bodéüs (Paris, Les Belles Lettres, 2001) ; et la traduction de F. Ildefonse et J. Lallot (Paris, Points Seuil, 2002).

chose, soit *quelque part*, soit *à un certain moment*, soit *être dans une position*, soit *posséder*, soit *faire*, soit *subir*. Ce qui est une substance, pour le dire sommairement, c'est par exemple : *homme*, *cheval* ; une quantité : *de deux coudées, de trois coudées* ; une qualité : *blanc, lettré* ; un rapport à quelque chose : *double, moitié, plus grand* ; quelque part : *au Lycée, sur la place* ; à un certain moment : *hier, l'an dernier* ; être dans une position : *est couché, est assis* ; posséder : *est chaussé, est armé* ; faire : *couper, brûler* ; subir : *être coupé, être brûlé.*

Ces termes n'impliquent aucune affirmation

Chacun des termes que l'on vient de dire, considéré lui-même par lui-même, n'est pas dit dans une affirmation, mais l'affirmation naît de la combinaison de ces termes les uns avec les autres. En effet, on estime que toute affirmation est soit vraie soit fausse, alors que parmi les choses qui se disent sans aucune combinaison, aucune n'est vraie ni fausse ; par exemple *homme, blanc, court, gagne.*

COMMENTAIRE

LES DIX CATÉGORIES

C'est Aristote qui a introduit dans le vocabulaire philosophique le terme de « catégorie ». Il était donc naturel d'exhiber le texte originel, et de proposer de cette manière un retour aux sources par l'examen de ce qui constitue sans doute la plus fameuse des listes philosophiques. Cette liste des catégories est en effet l'objet d'un nombre accablant de gloses, de commentaires, d'introductions et d'explications, d'objections et de corrections, de rejets et de récupérations, de griefs et de louanges parcourant pour ainsi dire toute l'histoire classique de la philosophie, et suscitant encore aujourd'hui des discussions et des controverses aussi vives que nombreuses. Il n'y a qu'en philosophie où une œuvre peut à la fois être massivement utilisée comme porte d'entrée dans la discipline (du début de l'antiquité tardive au début de la période moderne, les *Catégories* et l'introduction à ces mêmes *Catégories* que l'on doit à Porphyre et connue sous le nom d'*Isagogè* y jouaient ce rôle propédeutique) et néanmoins donner lieu à des divergences radicales dans la façon de la comprendre.

En dépit de ces divergences, les spécialistes s'accordent globalement pour dire que ce texte est un texte du jeune Aristote, écrit alors qu'il était encore membre de l'Académie de Platon. Le petit livre dont est tiré notre extrait nous est parvenu sous différents noms, dont *Les catégories* qui est aujourd'hui le titre consacré. Ce titre n'a très vraisemblablement pas été donné par Aristote ; il se pourrait du reste très bien que *Les catégories* soit en fait un assemblage de textes épars, et ceci pour plusieurs raisons : on en distingue deux parties (ou trois selon les décomptes) mais on peine à les articuler ; le traité n'a pas réellement d'introduction et commence de manière pour le moins abrupte ; la progression du propos est loin d'être claire ; il est en outre très probable que le texte ait été altéré par (au moins) un éditeur postérieur. Nous ne pouvons évidemment pas, dans les limites du présent ouvrage, restituer la teneur et la subtilité des débats exégétiques concernant l'établissement, la datation, l'unité ou l'authenticité du texte, sa cohérence ou sa persistance dans le *corpus* aristotélicien, ou encore les innombrables interprétations concernant les affirmations, principes ou thèses que l'on y trouve[1]. Nous garderons en tête qu'il y a autant de difficultés à établir ce qu'a dit précisément Aristote qu'il y en a à déterminer s'il avait raison de le dire. Nous proposerons modestement dans la suite une façon relativement simple (et scolaire) mais forcément partisane d'aborder ce petit texte en essayant occasionnellement de mentionner les grandes divergences interprétatives quand elles se présentent.

1. Voir en première approche (et en français) le dossier accompagnant la belle édition critique de F. Ildefonse et J. Lallot, Aristote, *Catégories*, Points Seuil, Paris, 2002. Voir également le précieux commentaire introductif de l'édition savante de R. Bodéüs, [*Catégories*], Les Belles Lettres, 2001. Les citations d'Aristote seront toutes, dans la suite de ce petit commentaire, tirées des *Œuvres complètes* (dir. P. Pellegrin).

DE L'ACCUSATION À LA PRÉDICATION

Il peut dans un premier temps être bon, pour tenter de comprendre ce qu'Aristote cherche à faire dans ce texte incontestablement ardu, de revenir sur l'origine et le contexte d'apparition du terme *catégorie*. Rappelons qu'il s'agit d'un élément de vocabulaire avant tout *juridique*, trouvant sa place au sein des cours et des tribunaux : initialement, le terme de « catégorie » dans la langue grecque pouvait en effet correspondre à ce que l'on appellerait aujourd'hui une « accusation ». Une accusation est une sorte d'affirmation retenue contre sa cible – l'accusé – et en particulier, c'est l'imputation d'une action estimée coupable à son encontre (infraction, crime ou délit). Ce contexte d'apparition autorise ainsi une première lecture de ce petit texte, que nous allons développer dans les paragraphes suivants.

Un témoin est appelé à la barre : il prétend avoir vu quelque chose. Que peut-on alors lui demander? On lui demandera en premier lieu *quelle est cette chose qu'il a vue* (« qu'est-ce que tu as vu ? »). Réponse : ce qu'il a vu, c'est un être humain (*substance*), on pourra lui demander ensuite par exemple *la taille* de ce qu'il a vu ou quelque autre information *mesurant* ou *quantifiant* ce qu'il a vu (**quantité** – il mesurait environ deux mètres de haut), mais on pourra également lui demander par exemple la *couleur* de ce qu'il a vu ou quelque autre information *qualifiant* ce qu'il a vu (**qualité** – il était roux et blanc de peau), on lui demandera *à quel endroit* il a vu ce qu'il prétend avoir vu (**lieu** – c'était dans une petite ruelle en plein centre de Grenoble), ou *à quel moment* (**temps** – la nuit dernière), on lui demandera encore si ce qu'il a vu est ou était dans un certain rapport à autre chose (**relation** – c'était le fils de sa cousine), on pourra lui demander aussi dans quel agencement, posture, arrangement ou position se trouvait ce qu'il a vu (**position** – il était accroupi), ou encore ce qu'il avait avec lui (**possession** – il était muni d'un imposant couteau), on lui demandera enfin et surtout ce que la chose prétendument vue faisait (**action** – il coupait des légumes) ou ce qu'elle a subi (**passion** – un mur lui est tombé dessus). Ces questions permettent, en première approche, de comprendre que les catégories correspondent alors à ce que l'on peut affirmer dans les contextes où nous nous engageons sur la vérité d'un propos. Ces différentes questions épuisent la description et donnent alors, quand on y répond, une image aussi complète que possible de ce que le témoin prétend avoir vu.

Mais notons sans plus attendre qu'il y a une question qui, d'une certaine façon, est encore plus importante que toutes les autres et que nous pouvons lui poser : *de qui* parle-t-il, *qui* a-t-il vu ? S'il veut dépasser la généralité donnée plus tôt dans sa réponse (« j'ai vu un être humain »), il pourra alors répondre : « j'ai vu Brice T. » (**substance première**). Cette distinction entre substance première et substance seconde sera en effet examinée dans le chapitre qui suit immédiatement notre extrait.

Prenons garde au fait que le mot « substance » a parfois en français le sens de *matière* ou *quantité de matière*, souvent indéterminée quant à sa nature (on dira par exemple : « une substance visqueuse »), sens qu'il faut entièrement délaisser dans les considérations qui vont suivre. L'opposition que dresse Aristote entre substances premières et substances secondes est la suivante : je peux qualifier ou dire quelque chose de vrai de Brice T. en disant que *c'est un être humain* ou qu'il *est roux*, mais je ne peux pas qualifier ou dire quelque chose de vrai de quoi que ce soit en disant qu'il est *Brice T.* Autrement dit, Brice T. peut être qualifié ou décrit de tout un tas de façons, mais le terme « Brice T. » (qui est alors un nom) ne saurait quant à lui être utilisé pour qualifier ou décrire quoi que ce soit (ce n'est pas un terme prédicatif). En contraste, notons que les syntagmes « ressembler à Brice T. » ou même « s'appeler Brice T. » peuvent bien évidemment être utilisés à cette fin (et ces expressions tomberaient alors sous une catégorie ou une autre). Il y a du reste dans toute la construction que nous voyons Aristote ériger une asymétrie forte et assumée entre les substances premières et les catégories, asymétrie qu'il formule de cette façon : « Donc, si les substances premières n'existaient pas, il serait impossible que quelque chose d'autre existe » (2b5-10). Comment doit-on ici comprendre « quelque chose d'autre » ? On doit le comprendre comme faisant allusion justement aux catégories dressées en amont (autrement dit : pas de qualités, quantités, lieux, actions, etc. sans substances premières).

SUBSTANCES PREMIÈRES ET SECONDES

S'il y a une asymétrie forte entre les substances premières et les catégories, il y a toutefois un rapport intime entre les substances premières et les substances secondes. Le rapport est le suivant : en disant de Brice T. que c'est un être humain, j'ai dit *ce que c'était*. De la même façon, en disant de Fido (substance première) que c'est un chien (substance seconde ou essence), j'ai ainsi dit *ce qu'est* Fido [1]. C'est d'ailleurs ce rapport qui explique en partie les hésitations et les fluctuations dans les différentes traductions de cette catégorie : si je dis de quelque chose

1. *Cf. Seconds analytiques*, 83a 24-33.

ce qu'il est (fondamentalement), c'est que je donne son *essence*. Le mot parfois traduit par « substance » dans le contexte des *Catégories* est en effet en grec une forme substantivée du verbe « être » (οὐσία), ce qui justifie naturellement la traduction en « essence » que l'on trouve également dans une traduction de notre petit extrait. La difficulté à restituer le terme grec s'est, du reste, posée lors de la redécouverte latine du texte d'Aristote (et aussi bien les termes *essentia* que *substantia* ont ainsi été proposés).

Quoi qu'il en soit de ces difficultés de traduction, ce qui pour Aristote est caractéristique de la substance première est qu'elle n'est pas *dite de quelque chose* et qu'elle n'est pas non plus *présente dans* quelque chose. Les deux chapitres des *Catégories* qui précèdent notre texte examinent à ce titre une division non exclusive « parmi les étants » entre ceux qui « se disent d'un sujet » et ceux qui « sont dans un sujet » (1a20-1b25). Cette division donne lieu à une quadripartition des étants qui peut rendre compte du rôle tout à fait spécial que joue la catégorie de substance dans la liste des dix catégories :

1. Les « dits d'un sujet et dans un sujet » (les étants qui se disent d'un sujet et sont dans un sujet). Un exemple tiré de cette première rubrique serait la sagesse qui est à la fois dite de Socrate et présente dans Socrate. Aristote précise que l'expression « être (présent) dans » ne doit *pas* se comprendre sur le modèle du rapport de la partie au tout, et que ce qui est « présent dans » ne saurait avoir une existence séparée (ou comme on dit parfois « une existence *en soi* » ou « une existence *par soi* »[1]). Ce n'est donc pas le sens dans lequel je peux

1. *Cf. Métaphysique*, Δ, 1022a 26 : « [U]n sens de "par soi" est en effet l'être ce que c'est de chaque chose, par exemple Callias est par soi Callias et l'être ce que c'est de Callias ».

dire, après avoir malencontreusement avalé une clé, que la clé est *présente* en moi. C'est assez naturellement que l'on estime ici que c'est le propre des *universaux accidentels* d'être « dits d'un sujet et dans un sujet ». Une façon de comprendre « dits d'un sujet » doit alors passer par l'idée que ce qui est dit peut l'être de plusieurs[1]. Dans notre exemple, plusieurs personnes peuvent en effet être dites sages ; le dire de Socrate n'exclut pas qu'on puisse le dire de quelqu'un d'autre. Il faut bien entendu prendre garde ici : « universel » ne veut *pas* dire « qui est vrai de tous » (comme lorsque l'on parle par exemple de « revenu *universel* » que *tout le monde* toucherait). Que Socrate soit sage n'implique évidemment pas que tout le monde le soit (mais ne l'exclut pas non plus).

2. Les « non dits d'un sujet et dans un sujet ». Un exemple sorti de cette deuxième rubrique serait celui du sourire de Socrate qui n'est pas dit d'un sujet (puisque personne d'autre que Socrate ne peut avoir le sourire de Socrate, même si d'autres que Socrate peuvent avoir un sourire qui *ressemble* à celui de Socrate – de ce point de vue le sourire de Socrate ne peut pas être dit de plusieurs) mais qui est pourtant *présent* dans Socrate. En outre, le sourire de Socrate ne saurait exister isolément, séparément ou tout seul. Le sourire de Socrate dépend entièrement de Socrate ; en contraste Socrate ne semble dépendre de rien (ou du moins s'il dépend de quoi que ce soit pour exister – par exemple de l'air qu'il respire – cette dépendance n'est pas du tout du même ordre).

1. On se souvient que dans le *De l'interprétation* 17a38, Aristote définit l'universel comme « ce qui est par nature prédicat d'une pluralité » et le particulier comme ce qui ne l'est pas.

Pour qu'il y ait sourire de Socrate il faut qu'il y ait Socrate, alors qu'il ne faut pas qu'il y ait sourire de Socrate pour qu'il y ait Socrate. Récemment, il est devenu habituel (quoique controversé d'un point de vue interprétatif) de rapprocher cette rubrique de ce que certains métaphysiciens contemporains appellent (depuis D. C. Williams) des *tropes*[1]. Il s'agirait alors de quelque chose de particulier (non partageable), de non-substantiel et d'accidentel[2].

3. Les « dits d'un sujet et non dans un sujet ». Un exemple issu de cette troisième rubrique serait

1. D. C. Williams, « On the Elements of Being : I », *Review of Metaphysics*, vol. 7, n° 1, Septembre 1953, p. 3-18 ; « Des éléments de l'être », trad. fr. F. Pascal et F. Nef dans *Textes clés de métaphysique contemporaine*, Paris, Vrin, 2007, p. 33-53. Certains théoriciens – dont Williams – défendent une ontologie à *une seule* catégorie, celle précisément des *tropes*.

2. L'exemple que je choisis n'est pas orthodoxe : l'exemple discuté habituellement est celui du « blanc de Socrate », *i.e.* le blanc particulier qu'il ne faudrait pas comprendre comme la *teinte* de blanc que se trouve avoir Socrate. Une teinte identifiée de blanc est un universel plus restreint que le simple universel « blanc », mais un universel tout de même, et non un particulier. Il y a des grandes controverses touchant le statut de ces « particuliers accidentels », et le texte d'Aristote admet aisément des interprétations assez divergentes, notamment sur ce que veut dire précisément l'expression « être dans un sujet » : doit-on par exemple la comprendre comme « être dans un sujet *à titre de définition* » ? S'il est définitionnel que la couleur soit la couleur d'une surface ou d'un corps, il est en effet impossible qu'une couleur particulière ne soit pas la couleur d'un corps particulier – mais doit-on pour autant dire qu'il est impossible que la couleur de Socrate ne soit pas celle d'un autre (même si l'on refuse volontiers qu'elle puisse exister *à part* ou *séparément*) ? Cet embarras est peut-être moins pressant avec l'exemple du « sourire de Socrate », tout sourire nécessite un visage au même titre que toute couleur nécessite un corps (inutile de dire que cette conception des couleurs – que l'on trouve dans le chapitre suivant notre extrait en 2b2 – n'est pas non plus sans poser son lot de problèmes philosophiques).

justement celui des substances secondes. La substance seconde (chien) est bien dite d'un sujet (Fido) – puisque d'autres substances premières peuvent également être un chien (Médor, Laïka) – sans pour autant être présente dans un sujet (ce n'est pas un composant de Fido qu'il soit un chien puisque c'est ce qu'il *est*). Nous aurions alors affaire ici à un *universel essentiel.*

4. Les « non dits d'un sujet et non dans un sujet ». Un exemple de cette dernière rubrique serait justement ce qu'Aristote appelle les substances premières (Socrate, Fido).

C'est dans les deux dernières rubriques que se trouvent les substances premières et les substances secondes, tandis que c'est dans les deux premières rubriques que se trouvent *toutes les autres* catégories. Les deux dernières rubriques ont donc à voir avec l'essentiel (universel ou particulier) tandis que les deux premières ont à voir avec l'accidentel (universel ou particulier).

Il y a ainsi assez clairement chez Aristote une sorte de relation interne entre la substance première et la substance seconde (essence), relation qui peut se résumer de la façon suivante : il n'y a pas de substance première pour laquelle il n'y aurait pas de substance seconde que l'on puisse dire d'elle, et aucune substance seconde n'existe à part des substances premières. Une façon « néo-aristotélicienne » de présenter cet aspect serait de dire : un individu (Socrate, Fido) est toujours un individu *d'un genre particulier* (tombant donc sous une substance seconde identifiable : humain, chien)[1] ; et un genre particulier (par exemple

1. Il n'y a donc pas, de ce point de vue, ce que certains théoriciens appellent des « particuliers nus » (des individus qui n'auraient pas de genre et seraient ainsi des sortes de *purs* individus).

humain, chien) est toujours un genre *d'individus* (au moins potentiellement) identifiables (Socrate, Fido)[1].

Nous avons évoqué plus tôt la différence entre le rangement et le classement, et l'idée que ces deux opérations donnaient lieu respectivement à une *hiérarchie* et à une *typologie*. Aristote s'engage-t-il dans l'établissement d'une hiérarchie ou dans la construction d'une typologie ? Étant donné l'asymétrie que nous venons de relever entre les substances et les autres catégories, on peut dire que ces deux aspects sont en réalité combinés ou liés dans l'entreprise aristotélicienne, puisqu'il y a à la fois l'établissement de ces différentes catégories sur le modèle d'une typologie (quantité, qualité, action, passion, etc.) et l'affirmation subséquente que certaines catégories dépendent d'autres ; il y a notamment comme nous venons de le voir – étant donné le rapport très spécial entre la catégorie de substance seconde et les substances premières – une priorité de la catégorie de substance sur les autres. Cette priorité établit donc un *ordre* entre les catégories. Les catégories dressées dans la liste de notre extrait sont soit des catégories de choses qui sont *dites d'une substance première*, soit des catégories de choses qui sont *présentes dans une substance première*.

Si nous revenons sur notre image du témoin appelé à la barre, les réponses données à toutes les autres questions (qualité, quantité, etc.) *présupposent* en effet d'une manière ou d'une autre la réponse donnée à la question de savoir ce qu'il a vu (essence ou substance seconde) : c'est *un homme* (dira-t-il) que j'ai vu accroupi,

1. Voir pour une défense opiniâtre (ouvertement inspirée par le texte d'Aristote) d'une ontologie dite « néo-aristotélicienne » qui met cette quadripartition au cœur de son développement, E. J. Lowe, *The Four-Category Ontology*, Oxford, Oxford University Press, 2006.

dans la rue, en train de faire ceci ou cela, pesant tel ou tel poids, etc. C'est en cela que l'on peut voir les catégories dressées par Aristote comme établissant un ordre : il est en droit toujours possible de répondre à la question de la substance seconde *avant* de répondre aux autres questions, et une réponse aux autres questions présuppose une réponse à la question de la substance seconde. Il faut toutefois bien veiller à ne pas mélanger des considérations *épistémologiques* et des considérations logiques dans toute cette affaire : il peut bien entendu se faire que je sache que *quelque chose* est bariolé, est en train de courir, etc. sans que je puisse pour autant dire (et donc tout en *ignorant*) ce qu'est cette chose, sans que je puisse préciser *ce que c'est*, c'est-à-dire sans que je puisse donner une réponse à la question – de type « Qu'est-ce que c'est ? » – de la substance seconde. Que je puisse l'ignorer ne veut pas dire que je refuse le point (plus fondamental) qu'il *doit logiquement* y avoir une réponse[1].

Récapitulons : l'élargissement de la notion de catégorie est donc le passage d'une notion d'accusation (où ce sont généralement des *actions* qui sont attribuées aux accusés – accusés qui sont généralement des êtres humains) à la notion de *ce qui peut être dit* de quelque chose, ce qui peut être imputé à quelque chose en toute généralité (où l'on peut attribuer à ce quelque chose non seulement une action, mais également une qualité, une quantité,

1. *Cf. Métaphysique*, A, 996b14-19 : « En effet, puisqu'on connaît de plusieurs manières la même chose, nous affirmons que celui qui sait est celui qui acquiert la connaissance de ce qu'est la chose par ce qu'elle est plutôt que par ce qu'elle n'est pas et que, parmi ceux-là mêmes, l'un sait plus qu'un autre, et au plus haut point celui qui sait ce qu'elle est, mais non celui qui sait sa quantité ou sa qualité ou ce qu'il est dans sa nature de faire ou de subir. »

une position, etc.). Ce que la tradition suivant Aristote a appelé « catégories » aurait donc très bien pu s'appeler « prédications »[1] ou « divisions des prédications ». De ce point de vue, pour continuer sur le contraste entre la substance première et la substance seconde, « Brice T. » n'est en revanche pas quelque chose que je peux dire de quoi que ce soit (ce n'est pas un prédicat), si bien que « substance première » ne doit donc *pas* être une catégorie. Les catégories peuvent alors être envisagées comme des *sortes* de ce que l'on peut dire de quelque chose : je peux dire de Brice qu'il est à Paris, ou je peux dire de lui qu'il est à Nantes ; dans ces deux cas, ce que j'ai dit de lui tombe sous la sorte « lieu [où Brice peut se trouver] ». Mais il est alors important de voir que je peux aussi dire de Brice des choses dramatiquement différentes, qui ne se comprennent pas du tout de la même façon ou sur le même patron : qu'il court ou qu'il marche (ce que je dis tombe alors sous la sorte « action [dans laquelle Brice peut être engagé] »), qu'il est timide ou bavard (ce que je dis tombe alors sous la sorte « qualité [que Brice peut posséder] »), etc. Pour faire écho à ce que nous disions plus tôt, remarquons que ces sortes sont modalisées par le verbe « pouvoir » dans toutes les autres catégories que la catégorie de substance seconde (c'est une position, une action, un lieu, etc. dans lequel Brice *peut* se trouver). Dans le cas de la substance seconde (catégorie de l'essence), c'est – comme on l'a dit – *la nature* de Brice qui est en jeu (et non pas la nature

1. Ce qui ne serait que la version latinisée du terme grec pour « catégorie ». Un titre latin parfois donné à l'ouvrage d'Aristote était en effet *Praedicamenta*. Voir O. Bruun et L. Corti (éd.), *Les* Catégories *et leur histoire*, Paris, Vrin, 2005.

possible de Brice). On retrouve ainsi l'opposition entre l'accidentel et l'essentiel.

DES EXPRESSIONS SANS LIAISON

Maintenant, face aux différentes questions que l'on peut poser à notre témoin, notons que tout ce qu'il peut nous répondre est en définitive tout aussi susceptible d'être vrai *que d'être faux*. Ainsi peut-il revenir – s'il le souhaite ou s'il y est contraint – sur chacune de ses réponses. Ce n'était pas un être humain : c'était en fait une statue. Si c'était bel et bien un être humain, il n'était en réalité pas accroupi mais allongé, il était non pas roux mais brun, il n'était pas en train de couper des légumes mais de jouer aux cartes, etc. Les différentes questions signalent donc des points de divergence ou de contestation possibles sur ce qu'il s'est passé ou ce qui nous est rapporté. L'image initiale donnée par le témoin peut alors être amendée, modifiée ou être entièrement rejetée (ce qui arrive notamment lorsqu'il y a correction quant à la substance seconde). Ce qui est important est que chacune des réponses données peut se prêter au jeu du vrai et du faux.

En contraste, si hors de tout contexte pertinent, quelqu'un en venait à dire « être humain » ou « est accroupi » ou encore « roux » (ou même « Brice T. »), rien ne serait encore dit *qui soit susceptible d'être vrai ou faux* : non pas parce que les expressions « être humain » ou « roux » *ne signifieraient rien*, mais parce que c'est seulement quand ces expressions sont combinées (d'une certaine façon) qu'un propos susceptible d'être vrai ou faux peut alors émerger (*cf.* 2a5-10). C'est comme ça qu'il faut comprendre « expressions sans liaison » ou « dits sans combinaison ». Il s'agit d'éléments du langage qui sont – d'une certaine façon – extraits d'un propos (*cf.* 1a15-20)[1]. Ces éléments sont considérés indépendamment de leur lieu naturel d'apparition : dans un jugement ou un propos (affirmatif ou négatif). Parler ici de « liaison », de « connexion » ou de « combinaison » est également une façon pour Aristote d'insister sur la différence déjà relevée par Platon dans *le Sophiste* entre une liste (de noms ou même de verbes) et un propos (discours ou jugement)[2] : il ne suffit pas que des mots se succèdent pour qu'il y ait un discours, il faut aussi une certaine liaison (combinaison) entre eux. Il faut de ce point de vue noter que les combinaisons, liaisons, entrelacements, connexions dont il est question ici ne sont donc *pas* des simples *conjonctions* ou de simples *agrégats* : si je place un bloc de marbre à côté d'un autre, j'ai peut-être conjoint ou agrégé deux blocs de marbre, mais ils ne sont pas *liés* (connectés, entrelacés). L'illustration appropriée de la liaison ou de la connexion se rapprocherait donc plus de celle de la pièce de puzzle qui ne peut se lier qu'avec une autre, et qui est telle qu'il ne suffit pas de la mettre *à côté* d'une autre pour qu'il y ait une authentique liaison. Encore faut-il qu'elle lui corresponde.

1. Il est de ce point de vue curieux (et maladroit) que Tricot donne des propos entiers en guise de traduction des exemples des catégories donnés par Aristote : « *il est couché* », « *il est armé* », « *il coupe* », « *il est brûlé* », etc. Aristote est par exemple explicite en *Catégories* 13b10 : « Aucune des expressions qui se disent sans aucune liaison [combinaison] n'est vraie ou fausse », et on se souvient que notre petit extrait spécifie justement ce que les termes sans combinaison peuvent indiquer (une substance, une qualité, etc.). Or, pour autant qu'on sache de qui on parle, « il est couché » est clairement un propos susceptible d'être vrai ou d'être faux (tandis que « est couché » ne l'est pas).

2. Voir Platon, *Le Sophiste*, 262a-c.

Dans un propos comme « Brice T. est honnête », on trouve l'expression « est honnête » qui peut être considérée à part, en vertu du rôle qu'elle joue dans le propos (celui d'attribuer une qualité à quelqu'un). Ainsi ces expressions (« est couché », « blanc », « double », etc.) peuvent être répertoriées suivant le rôle qu'elles sont susceptibles de jouer. Certaines permettent ainsi de dire *où* se trouve ceci ou cela (catégorie de lieu), d'autres permettent de dire *ce que subit* ceci ou cela (catégorie de passion), et ainsi de suite. Les catégories se présentent alors comme les catégories de certaines expressions extraites d'un propos.

Nous pouvons ensuite attribuer un nom à ce qu'indiquent ces expressions en introduisant les substantifs abstraits suivants : une « substance », une « quantité », une « qualité », une « relation », etc. Ce sont ces substantifs abstraits que l'on a identifiés comme les éléments d'un système de catégories. Les catégories sont alors conçues comme un classement concernant le genre de choses que l'on peut dire à propos de quelque chose ou de quelqu'un (au bout du compte à propos d'un individu) : je peux dire *où est cette chose* (catégorie de lieu), je peux *mesurer* cette chose (catégorie de quantité), etc.[1]

LES CATÉGORIES DU CHANGEMENT

On comprend alors que si ce système de catégories correspond à des questions que l'on peut poser à propos d'une substance première, ces catégories pourront

1. On retrouve ici ou là dans le *corpus* aristotélicien des versions plus ou moins atrophiées de cette liste, et il n'y a qu'un seul texte où on la retrouve dans son intégralité : dans la section 9 du livre 1 des *Topiques*, en 103b20 *sq.* Nous reviendrons sur ce texte car il n'est pas sans poser des difficultés d'ajustement.

être également envisagées comme des catégories *du changement* : Brice (notre exemple paradigmatique de substance première) peut changer dans la mesure où il ne faisait pas telle ou telle chose naguère, mais qu'il le fait maintenant (changement d'action), dans la mesure où il ne subissait pas ceci ou cela mais qu'il subit désormais ceci ou cela (changement de passion), dans la mesure où il était au Lycée mais qu'il n'y est plus (changement de lieu), etc. Les catégories recensent alors les différentes façons pour Brice (et plus généralement pour quoi que ce soit) de changer[1].

Il faudra alors distinguer certains types de changement (de qualité, de quantité, de lieu, de temps, de position, de possession, etc.) de changements plus dramatiques : le changement substantiel ou changement d'essence (cesser d'être un humain pour Brice, c'est précisément mourir, *i.e.* cesser *d'être*). Le contraste entre la catégorie de substance et les autres catégories se répercute alors dans un contraste entre des changements substantiels et des changements accidentels. La seule façon de changer *sans* rester le même, c'est de changer de substance seconde. De là peut alors s'articuler la différence entre une *prédication accidentelle* et une *prédication essentielle* : il peut être vrai que Brice est roux, mais cela peut très bien changer (sans que Brice cesse pour autant d'exister) ; il peut notamment devenir brun, ses cheveux peuvent blanchir, etc. Nous pouvons donc *dire quelque chose de vrai à son sujet* (prédication) sans que ce qui est dit à son sujet lui soit

1. Cet aspect des *Catégories* est thématisé explicitement par Aristote dans d'autres textes. Voir par exemple *Métaphysique*, 1065b-5 : « Il n'y a pas de mouvement en dehors des choses, car le changement est toujours selon les prédications de l'être ; il n'y a rien de commun au-dessus d'elles qui ne soit aussi dans une prédication. »

essentiel (ce sans quoi il cesserait d'être). En revanche, il est également vrai que Brice est un être humain mais cette prédication est pour sa part essentielle. Cette distinction entre *prédication accidentelle* et *prédication essentielle* suit donc de l'ordre que nous avons évoqué plus tôt entre la catégorie de substance d'une part et toutes les autres catégories d'autre part.

Il faut pourtant noter une difficulté. Cette façon de présenter risque de suggérer que les *prédications essentielles* ne concernent que les *substances premières*. Or, il n'en est rien. Certaines prédications essentielles ne portent en effet pas du tout sur des individus (ou des substances premières). En voici quelques exemples : « Vert est une couleur », « Le chien est un animal », « Un jour est composé de 24 heures », etc. Ces prédications sont bel et bien – selon Aristote – des prédications *essentielles*. On retrouve en effet explicitement cette considération dans le seul passage du *corpus* aristotélicien où la liste des dix catégories refait son apparition à l'identique, passage tiré des *Topiques*. Il y a toutefois une tension entre ce texte des *Topiques* et notre texte des *Catégories*, et il n'est pas clair que les deux listes des dix catégories y jouent exactement le même rôle. La liste donnée dans les *Topiques* est donnée après une enquête sur ce que sont « la définition, le propre, le genre et l'accident ». J'en rappelle les grandes lignes.

Une définition donne « l'essentiel de l'essence » du sujet qu'elle prétend définir ; une définition par exemple de l'être humain serait « l'animal politique ». Un propre ne donne pas l'essentiel de l'essence de son sujet mais « n'appartient pourtant qu'à lui » ; un propre de l'être humain serait par exemple son aptitude à la lecture – cela ne lui est pas essentiel, mais il est néanmoins le seul à la posséder. Un genre est ce qui appartient « en leur essence à plusieurs choses spécifiquement différentes » ; le genre de l'humain par exemple est ainsi « animal », genre qui appartient à des choses spécifiquement différentes puisqu'aussi bien le chien que l'humain sont des animaux (et ce genre est essentiel aussi bien à un chien qu'à un humain puisque ni l'un ni l'autre ne peuvent exister s'ils cessent d'être un animal). Un accident est ce qui appartient à un sujet sans être une définition, un propre ou un genre, et qui est tel qu'il peut tantôt lui appartenir, tantôt ne pas lui appartenir ; « être assis » est un exemple paradigmatique d'accident pour un humain puisqu'il peut tantôt l'être et tantôt ne pas l'être (en se levant ou en se couchant), mais que cela ne saurait ni le définir, ni lui être propre, ni être son genre[1].

En disant que les catégories sont les différentes prédications pour les définitions, les propres, les genres et les accidents, Aristote reconnaît dans ce passage des *Topiques* que les catégories ne sont donc pas forcément les catégories d'un certain domaine (le monde sublunaire, le monde du changement[2]) et ne sont pas non plus simplement les catégories *de la substance*. Puisqu'il n'y a au fond pas de limite à ce que je peux définir, il n'y a alors pas de limite à l'usage des catégories, et il faut alors comprendre les catégories comme étant *en toute généralité* les différentes formes de l'imputation. Dire par exemple que le vert est une couleur est bel et bien une imputation, c'est à la fois

1. Voir *Topiques*, I, 5, 101b-102b.

2. Il y a pourtant en effet des bonnes raisons de penser qu'Aristote estime que les catégories sont des catégories *du monde sublunaire*, et qu'elles ne s'appliquent donc pas aux Dieux, notamment parce que les Dieux – astres, voute céleste, planètes et Premier moteur, ce qui correspond à ce que l'on appelle parfois la « théologie astrale d'Aristote » – ne *changent pas* (ou à tout le moins s'approchent le plus – par le mouvement parfaitement circulaire – de ce qui ne change pas).

exprimer son essence (et répondre ainsi à la question « qu'est-ce que c'est ? » – et par là même le définir) mais c'est aussi *désigner* une qualité (et utiliser ainsi la catégorie de « qualité »). Or, cela ne saurait impliquer que le vert *est* une substance première.

Il est vraisemblable que cette tension entre les deux textes d'Aristote ait contribué à la difficulté ancestrale à comprendre le rôle, le statut et la portée des catégories dans la pensée du philosophe : si leur apparition dans les *Topiques* se produit à des fins avant tout *dialectiques*, la chose est sans doute moins évidente dans notre petit extrait (et les tentations d'en proposer des lectures qui s'en éloignent – ontologiques ou linguistiques – en deviennent plus compréhensibles).

Il n'en reste pas moins qu'il y a chez Aristote (du moins le Aristote des *Catégories*) une primauté expresse et thématisée de la substance première : comme nous l'avons vu, les dix catégories sont avant tout des choses qui peuvent *être dites* d'une substance première (d'un homme, d'un cheval, etc.) ou qui sont *présentes dans* une substance première[1].

1. Certains commentateurs estiment d'ailleurs que le passage dont est tiré notre extrait est en réalité une sorte de préliminaire utilisant les outils et les leçons des *Topiques* (et qui lui serait donc chronologiquement postérieur) en vue de proposer une réflexion nouvelle consacrée simplement à la substance (ce qui expliquerait du même coup la différence de portée entre le texte des *Topiques* et le texte que nous étudions), ou que le traité entier dont est extrait notre texte serait le premier livre d'une topique définitionnelle. Voir en particulier R. Bodéüs, « Introduction. *Catégories* et *Topiques* », dans [*Catégories*], Paris, Les Belles Lettres, 2001, notamment p. LXXIX.

LES CATÉGORIES DE ...?

Nous disions plus tôt que les « expressions sans liaison » (qui semblent être la matière première des catégories établies par la suite) étaient des éléments de langage extraits d'un propos et que les catégories étaient assez naturellement conçues comme un répertoire des types de choses que l'on peut dire à propos de quelque chose ou de quelqu'un (d'un individu). Il faut toutefois sans plus attendre apporter deux précisions : d'abord, nous disons qu'il s'agit de *certaines* expressions extraites d'un propos. Il est en effet entendu qu'il ne s'agit pas de *toutes* les expressions qui peuvent être extraites d'un propos. À ce titre, les catégories ne sont pas des catégories prétendant épuiser (le rôle, le statut ou la contribution de) *toutes* les expressions. Des expressions comme « plus » (extraite d'un propos comme « il ne mange plus »), ou comme « certains » (extraite d'un propos comme « certains oiseaux utilisent des outils ») ne font par exemple *pas* partie des expressions qui peuvent être « dites sans combinaison » et qui intéressent à cet endroit Aristote. Ce ne sont pas des expressions « catégorématiques ». Par la suite, les médiévaux distingueront en effet les termes *catégorématiques* d'une part – termes qui ont une signification indépendante (on peut dire de quoi ils tiennent lieu), qui sont rattachés à une catégorie et qui peuvent jouer le rôle de sujet ou de prédicat dans un propos – des termes *syncatégorématiques* d'autre part, c'est-à-dire des termes qui n'ont pas de signification indépendante (ils ne sont signifiants qu'accompagnés d'autres termes), qui ne sont donc rattachés à aucune catégorie particulière, et qui ne peuvent jouer le rôle de sujet ou de prédicat dans un propos (mais qui peuvent bien sûr y jouer un *autre* rôle, en particulier un rôle *logique*). De ce point de vue, les articles, les pronoms démonstratifs, les connecteurs logiques, les adverbes, etc. sont notoirement absents de la liste dressée par Aristote. Ce n'est au fond pas surprenant si les catégories dressées sont des catégories de *ce qui peut être dit* d'une substance première : il est entendu que je ne peux pas dire – de quoi que ce soit ou de qui que ce soit – qu'il est « non », « pourtant », « elle », « le seul », ou « rapidement ». Cette opposition est parfois présentée en disant que les termes catégorématiques dénotent des choses existant dans le monde tandis que les termes syncatégorématiques ne le font pas.

Cette façon de présenter l'opposition entre les termes catégorématiques et les termes syncatégorématiques nous amène tout naturellement sur notre deuxième précision : il peut être tentant de voir Aristote comme s'embarquant dans une sorte de classification *grammaticale* (concernant le rôle de certaines expressions), mais ce n'est pourtant pas l'interprétation généralement retenue[1]. Il est plutôt

1. Il existe certes une lignée importante d'auteurs qui a cherché à dévoiler l'influence supposément inaperçue ou souterraine de la grammaire grecque sur la doctrine aristotélicienne des catégories, quand ce n'est pas pour affirmer simplement qu'il s'agit de son ultime source, notoirement au XIXe siècle A. Trendelenburg, *Doctrine des catégories d'Aristote*, trad. fr. P. Cerrutti et E. Mariani, Paris, Vrin, 2023 ; et au XXe siècle É. Benveniste, « Catégories de pensée et catégories de langue », dans *Problèmes de linguistique générale*, tome 1, Paris, Gallimard, 1966, p. 63-74. Par exemple, pour ce dernier : « Il [Aristote] pensait définir les attributs des objets ; il ne pose que des êtres linguistiques : c'est la langue qui, grâce à ses propres catégories, permet de les reconnaître et de les spécifier » (p. 70). Une bonne part des spécialistes d'Aristote rejettent toutefois cette réduction. Voir par exemple R. Bodéüs, « Introduction. Catégories et Topiques. », *op. cit.* : « Cette thèse est insoutenable, et personne, aujourd'hui, ne la prend plus au sérieux. L'homme (ἄνθρωπος), le nombre (ἀριθμός), l'esclave (δοῦλος) et la justice (δικαιοσύνη), qui se classent respectivement dans chacune des quatre premières "catégories", sont, grammaticalement, quatre substantifs. »

habituel de lire Aristote comme présentant une division *des êtres* (τὰ ὄντα), proposant ainsi une classification des éléments de la réalité (nous dirons que c'est la lecture « réaliste » ou « ontologique » des *Catégories* d'Aristote). Ce ne seraient donc pas les mots ou les expressions qui sont la cible de la classification aristotélicienne mais ce que ces mots ou expressions désignent ou signifient. Puisqu'Aristote présente toutefois bien les catégories qui nous occupent comme étant issues des *legomena*, « ce qui se dit », « des expressions » ou « des termes » (suivant les différentes traductions récentes évoquées plus tôt), sans doute faudrait-il faire alors une distinction entre « ce qui est dit » et « ce dont on parle ». Faire une classification de ce qui est dit serait bel et bien s'embarquer dans une classification sur des expressions, tandis que faire une classification de ce dont on parle aurait davantage une dimension ontologique. Savoir si Aristote est engagé dans l'une de ces perspectives plutôt que dans l'autre – pour le dire rapidement, une perspective logique ou une perspective ontologique – est un point des plus contentieux. Les deux suggestions ne sont d'ailleurs ni exclusives ni exhaustives puisque certains lecteurs d'Aristote ne le voient engagé ni dans l'une ni dans l'autre, mais dans une catégorisation des concepts ou des « affections » ou « états de l'âme », tandis que d'autres estiment que c'est une classification des expressions *dans la mesure* où ces expressions signifient des choses du monde (ou comme le dit Porphyre dans son commentaire aux *Catégories* : des vocables qui « à la manière d'un messager, annoncent les choses »). La question de savoir ce qui forme le sujet du propos d'Aristote est donc une question des plus pressantes : ces dix classes sont-elles des classes des choses *qui existent* (et les catégories deviennent alors des catégories *ontologiques*), des choses *qui sont dans l'esprit* (et les catégories deviennent alors des catégories *conceptuelles*), des choses *qui sont dites* (et les catégories deviennent alors des catégories *grammaticales*)[1] ? Ces options n'ont cessé de diviser les commentateurs[2].

Plus profondément, la question même de savoir si Aristote est bel et bien engagé dans une *classification* se pose, et il n'est pas évident que la bonne façon de comprendre les catégories soit de les concevoir comme des classes (même si l'on peut estimer par ailleurs qu'elles sont systématiquement reliées à des classes). Si Aristote s'attèle par exemple à une enquête sur les *façons de dire* (on pourrait même dire : sur les façons *du* dire), ces façons de dire ne doivent pas se penser sur le modèle des *classes* (avec en particulier des individus qui les peupleraient) mais sur les différents *rôles logiques* et ce que ces rôles impliquent, autorisent ou excluent.

La lecture réaliste des *Catégories* se heurte du reste à plusieurs objections redoutables : penser que les *Catégories* proposent une classification des éléments de la réalité ou de l'être, c'est *ipso facto* risquer de voir les catégories comme les différentes espèces (quoique plus grandes ou plus englobantes que les espèces habituelles) d'un genre suprême. Or, on le sait, Aristote insiste souvent

1. Cela nous montre également au passage que les difficultés que nous avons relevées plus tôt concernant la question épineuse de savoir ce que les catégories sont censées catégoriser sont consubstantielles à l'introduction du terme « catégorie » dans le vocabulaire philosophique.

2. Cette difficulté se répercute aussi sur le statut disciplinaire du texte lui-même : s'agit-il d'un texte *logique* (ce qui est suggéré par la tradition ayant placé le texte en ouverture de l'*Organon)*, d'un texte *métaphysique*, d'un texte *méthodologique* ou *dialectique* ? Voir outre les études déjà citées et regroupées dans le recueil d'O. Bruun et L. Corti déjà cité, celui de P. Aubenque (éd.), *Concepts et catégories dans la pensée antique*, Paris, Vrin, 2017 (1re édition 1980).

pour dire que l'être n'est pas un genre, si bien que nous aurions alors sur les bras des espèces sans genre (ce qui semble impossible)[1]. Si l'être n'est pas un genre, il ne saurait admettre des espèces, et il y aurait ainsi quelque chose de fondamentalement égarant à concevoir les catégories comme les espèces de l'être.

Une autre objection importante est que les catégories, comme le dit P. Aubenque, « ne “divisent” pas moins le non-être que l'être »[2]. Ce qu'il faut entendre par là est qu'il est toujours possible d'appliquer les divisions proposées dans notre extrait *aussi bien à ce qui est qu'à ce qui n'est pas* : si notre témoin nous dit que ce *n'est pas* un homme qu'il a vu, ce qu'il nous dit se comprend sous la bannière de la substance seconde (même si c'est de façon indéterminée), tout comme s'il nous dit que ce qu'il a vu ne mesurait pas deux mètres, son propos se comprend alors sous la bannière de la quantité (même si c'est – ici aussi – de façon indéterminée)[3]. Autrement dit, l'être *et le non-être* (ce qui est et ce qui n'est pas) semblent tout autant régis par les catégories[4].

1. Le *corpus* aristotélicien n'est pas toujours cohérent sur ce point ; on peut lire par exemple en *Métaphysique* I, 1053b20 : « En effet, l'être et l'un sont les prédicats les plus universels de tous », propos difficilement conciliable avec d'autres propos.

2. P. Aubenque, *Le problème de l'être chez Aristote. Essai sur la problématique aristotélicienne*, Paris, Puf, 2013, p. 183.

3. *Cf. Métaphysique*, N, 2, 1089*a* : « Car le non-être aussi a plusieurs sens, puisque c'est aussi le cas de l'être ; et “non-être humain” signifie ne pas être ceci, “non droit” signifie ne pas être de telle qualité, “non de trois coudées” ne pas être de telle quantité. »

4. On fera peut-être l'objection suivante : cela ne vaut que pour « l'être non » (ce que le témoin a vu, c'est bien quelque chose mais ce n'est pas un homme) et non pour le « non-être » (comme la fontaine de Jouvence, Pégase ou le Griffon). Le non-être – comme le dit Aristote en *Métaphysique* Θ 1047a30-35 – ne saurait par exemple *être mu* (mais il

Ces remarques sont bien évidemment trop brèves mais prétendent à tout le moins freiner la lecture peut-être la plus évidente de notre petit texte, lecture selon laquelle Aristote répondrait au fond à la question « Qu'y a-t-il dans le monde ? » par cette fameuse liste (il y a – *i.e.* l'être est constitué par – des substances, des qualités, des quantités, etc.).

La question se pose en outre de savoir *quelle méthode* le philosophe utilise pour justifier la pertinence de ces dix catégories (et plus fondamentalement de savoir *s'il en utilise une*). Or, et c'est un fait remarquable, Aristote ne donne nulle part des indications claires à ce sujet (ce qui est d'autant plus étonnant qu'il est souvent assez explicite sur la façon dont il entend mener ses enquêtes). On se souvient que c'était justement là un des fameux griefs que Kant soulevait à l'encontre d'Aristote, celui de ne pas avoir eu de fil conducteur dans l'établissement d'une telle liste et d'avoir pour ainsi dire procédé au petit bonheur la chance, sans la moindre méthode : « Dans la mesure toutefois où il [Aristote] ne disposait d'aucun principe, il les collecta [les concepts fondamentaux] tels qu'il les rencontrait, et en dénicha d'abord dix, qu'il appela *catégories* (prédicaments). »[1] Bien entendu, si Aristote avait donné des indications plus précises sur la façon dont il a procédé pour arriver à cette liste, cela aurait sans doute du même coup éclairé la question précédente de savoir de quoi ses catégories sont les catégories. Ce flou méthodologique est d'autant plus embarrassant qu'on retrouve cet appel aux catégories tout au long du *corpus*,

peut être objet de réflexion et de désir). Cette objection est néanmoins douteuse : la fontaine de Jouvence, Pégase ou Griffon sont bien régis par *certaines catégories* (lieu, substance seconde).

1. E. Kant, *Critique de la raison pure, op. cit.*, p. 164.

c'est-à-dire aussi bien dans les textes éthiques, que dans les textes physiques, logiques ou métaphysiques d'Aristote[1].

L'ATTRIBUTION DES CATÉGORIES

Quoi qu'il en soit, nous avons noté plus tôt que le système de catégories passait par l'introduction de substantifs abstraits typiques (substance, quantité, lieu, etc.). Cette introduction ouvre toutefois la voie à certaines difficultés. Il y a notamment une difficulté (qui n'est pas sans lien avec les difficultés précédentes) découlant de la possibilité de générer à partir de ces substantifs abstraits une expression prédicative de type « … est une qualité » ou « … est un lieu » ou encore « … est une substance ». On s'interrogera alors sur le statut de ces prédications : doit-on dire que « … est une substance » est une qualité comme on dit que « … est rouge » est une qualité ? Ce serait pour le moins étrange, mais il serait tout aussi étrange de dire que c'est une substance ! Avons-nous alors trouvé une prédication qui *ne tombe pas* sous une des catégories pourtant dressées pour balayer supposément *toutes* les prédications ?

Il est tout d'abord évident que ces prédicats ne seront *pas* du même type que les prédicats qui peuvent être dits d'une substance première : je peux certes dire de Socrate qu'il est pâle ou qu'il est au stade, mais je ne peux pas dire de Socrate qu'il est une qualité ou qu'il est un lieu. De la

1. L'articulation des écrits du jeune Aristote et des livres plus tardifs connus sous le nom de *Métaphysique* est un casse-tête pour les commentateurs, en particulier en raison de la théorie hylémorphique des substances, mais aussi parce qu'Aristote insiste beaucoup pour dire à la fois qu'il n'y a de science que du général et que l'être n'est pas un genre (ce qui rend immédiatement difficile l'idée qu'il puisse y avoir une science de l'être, fusse-t-elle *en tant qu'être*).

même façon, on comprend qu'il y aurait quelque chose d'égarant à penser que « pâle » ou « au stade » sont des substances premières sous le prétexte que je peux bien en dire quelque chose : à savoir qu'il s'agit respectivement d'une qualité et d'un lieu. Mais d'un autre côté, il semble tout à fait acceptable de dire de Socrate que c'est une substance (le projet aristotélicien nous invite précisément à cela) ou que la blancheur est une qualité, que le stade est un lieu, etc. On peut alors dire que ces substantifs abstraits permettent de créer des propos qui sont d'un autre ordre ou qui se situent sur un autre plan que les propos initiaux. Comment pouvons-nous – sans d'abord trop nous éloigner du texte d'Aristote – montrer qu'il y a cette différence de niveau ?

Il est certainement facile de comprendre que ces prédicats ne sont pas *dits* d'une substance ou ne sont pas *présents* dans une substance, mais on peut aussi s'appuyer sur ce qui semble être une des raisons d'être du projet aristotélicien. L'établissement des catégories se comprend en effet sur le fond d'un rejet de ce que nous pourrions appeler *l'univocité de l'être*. Expliquons : nous pouvons certes utiliser un seul et même verbe (le verbe *être*) pour des attributions différentes sans pour autant admettre qu'il signifie toujours *la même chose*. Nous pouvons également utiliser un seul et même nom (le substantif *être*) pour des sujets d'attribution différents sans pour autant admettre qu'il signifie toujours *la même chose*. Je dis de Socrate qu'il *est* assis, tout comme je dis qu'il *est* dans la maison, mais l'identité du terme utilisé (le terme « être ») masque en réalité une différence de catégorie. En postulant un terme censé tout recouvrir, on perd une différence importante et on laisse la porte ouverte pour des raisonnements des plus fallacieux. On se souvient à ce titre des arguments de sophistes qui – si on les prenait au sérieux – réussiraient ainsi à accuser de meurtre toute personne voulant éduquer qui que ce soit, c'est-à-dire toute personne voulant transformer une personne qui *est ignorante* en une personne qui *n'est pas ignorante*[1]. Ce serait en effet faire passer une personne qui est quelque chose vers ce qu'elle n'est pas (et donc l'anéantir, lui faire perdre son être). Il y a ici une différence de catégorie en jeu à relever pour sortir de cette impasse : « être ignorant » est une qualité (relève de la qualité), si bien que la substance première – disons Clinias – qui est d'abord ignorante puis cesse de l'être, ne cesse pas d'être *tout court* (puisque les substances peuvent justement *recevoir des contraires*). Comme nous l'avons vu, la seule façon pour une substance première de changer *et* de cesser d'être *tout court*, c'est de cesser d'être la substance seconde qu'elle est (*i.e.* de cesser, pour Clinias, d'être un être humain).

Aristote s'efforce donc de montrer que ce qui peut être dit ne se comprend pas toujours de la même façon. C'est cette sensibilité aux différences combinée à l'affirmation de la dépendance des dix catégories sur les substances premières qui confère du reste au propos d'Aristote une saveur résolument anti-platonicienne. Il y a en effet dans la philosophie platonicienne une tendance à fournir une seule et même explication pour des propos très différents via la relation dite de *participation*, qui joue alors entre un individu particulier (Socrate, ce cheval, etc.) et une « Forme » (ou « Idée »), *i.e.* une entité à la fois abstraite

1. Voir par exemple les insupportables arguties des frères Euthydème et Dionysodore dans l'*Euthydème* de Platon : « Ainsi donc, ce qu'il n'est pas, vous voulez qu'il le devienne, et ce qu'il est maintenant, qu'il ne le soit plus [...] Puisque vous souhaitez qu'il ne soit plus celui qu'il est maintenant, vous voulez, semble-t-il, qu'il meure. » (283d-e).

(ou « séparée ») et de surcroît conçue comme plus réelle que tout le reste (la Blancheur, l'Humanité, l'Équinité, etc.). Aristote s'oppose alors à ce qui peut être envisagé comme une forme de conception monomaniaque de ce qui peut être dit (dans laquelle dire quelque chose, c'est toujours dire d'une certaine chose concrète qu'elle est dans une relation identifiée à une chose abstraite).

Quoi qu'il en soit de la portée anti-platonicienne du propos d'Aristote, il faut reconnaître que le statut de ces prédicats constructibles grâce à la liste des substantifs abstraits qui constituent la liste des catégories n'est toutefois pas facile à caractériser en restant dans la doctrine du philosophe, et il est sans doute bon de commencer à s'en éloigner, ne serait-ce qu'un peu.

Il faut rappeler ici une asymétrie : lorsque je dis de Socrate qu'il est blanc, ce que je dis peut *aussi bien être vrai qu'être faux* ; en contraste, si je dis de rouge que c'est une couleur ou si je dis que double est un rapport, mon propos n'a plus cette caractéristique[1]. Il ne saurait être *faux* que rouge soit une couleur (sous aucune circonstance, aussi éloignée soit-elle), si bien que la tentation ardente de dire que c'est là quelque chose de *vrai* devrait à tout le moins être calmée ou mise en pause. Corrélativement, on peut douter que « rouge est une couleur » ait une négation qui soit intelligible : on peut certes arguer que « rouge n'est pas une couleur » constitue la négation grammaticale du propos de départ, mais c'est précisément un cas où une négation grammaticale doit s'opposer à une négation *logique* : dans la négation *logique* d'un propos, les sujets logiques du propos initial et de la négation doivent rester les mêmes, y compris lorsqu'il y a une variation de la

1. Caractéristique que l'on appelle parfois dans ces contextes la « bipolarité ».

valeur de vérité du propos. Dans la négation purement grammaticale du propos « rouge est une couleur », les sujets logiques du propos initial et de sa négation ne sauraient rester les mêmes s'il y a une variation de la valeur de vérité du propos[1]. Ce qui vaut pour « rouge est une couleur » vaudrait également pour « Quintal est une quantité », « Blanc est une qualité » ou « Socrate est une substance ».

Il peut alors être éclairant de convoquer à cet endroit la relation dite de *détermination* que l'on doit au logicien W. E. Johnson[2]. Cette relation permet d'opposer ce qui est *déterminable* et ce qui est *déterminé*. On dira par exemple que « rouge » est le *déterminé* du déterminable « coloré ». Ce qui est frappant est que ces deux expressions ne sont pas logiquement distinctes (dans la mesure où si une chose est rouge, alors elle est colorée, et si une chose est colorée, alors elle *peut* être rouge), et ne peuvent notamment pas se concevoir comme fonctionnant dans une simple énumération conjonctive. Un chapeau n'est pas coloré *et* rouge : s'il est rouge, il est *ipso facto* coloré, et s'il est coloré il *peut* notamment être rouge. Dire qu'il est rouge vient donc déterminer ce qui était à déterminer en disant qu'il était coloré. Il n'y a rien qui soit coloré sans être coloré *d'une certaine façon* (rouge, bleu, etc.). Il en va certainement de même dans le cas des substantifs abstraits utilisés pour les catégories (substance, qualité, etc.) : dire que nous avons par exemple affaire à une action c'est dire quelque chose d'important mais qui demande à être

1. Ce que P. Geach appelle la « *loi de Buridan* » (P. Geach, *Reference and Generality*, Ithaca NY, Cornell University Press, 1962, 3e ed. 1980).

2. W. E. Johnson, *Logic*, Cambridge, Cambridge University Press, 1921.

déterminé. Les grandes rubriques des catégories peuvent donc être pensées comme des rubriques de *déterminables*. En disant que « ... coupe des légumes » est une action, j'introduis une relation de déterminé (l'action de couper des légumes) à déterminable (action). Si quelqu'un coupe des légumes, il ne fait pas *deux choses* (couper des légumes *et* une action) ; et s'il fait une action, il peut *par exemple* couper des légumes. Il n'y a rien qui serait une action *tout court* (*i.e.* rien qui ne soit pas une action déterminée), ou une substance tout court, ou une relation tout court, etc. si bien qu'il n'y aurait pas de sens à voir ces expressions (« ... est une action », « ... est une relation ») comme des prédicats en bonne et due forme. Il faudrait en effet que je puisse trouver d'abord un sujet d'attribution non identifié pour que je puisse dire ensuite qu'il s'agit d'une qualité, d'une substance, etc., ce qui est absurde. Cette frontière entre les déterminables et les déterminés serait donc la ligne de démarcation pour les catégories[1]. On passerait alors sur le registre des catégories lors du passage des déterminés aux déterminables.

Il reste malgré tout une difficulté évidente : si les catégories regroupent au bout du compte la liste des déterminables, c'est que la liste d'Aristote ne suffit pas (puisqu'on n'y trouve notamment pas « coloré »), et il faut donc encore expliquer pourquoi *certains* déterminables

1. Au demeurant, si cette solution s'éloigne du *vocabulaire* aristotélicien, elle ne s'éloigne pas trop de la doctrine aristotélicienne. On trouve en effet par exemple en *Métaphysique I*, 1054a10 une considération sur « l'un » qui peut aisément être rapprochée de ce point : « Mais, de même que, dans les couleurs, il faut chercher une couleur unique qui est l'un lui-même, de même, dans la substance aussi, il faut chercher une substance unique qui est l'un lui-même. » – Ici, ce qu'Aristote appelle « l'un » serait justement ce qui fait passer de déterminable à déterminé.

sont plus importants que d'autres (pourquoi « ... est coloré » n'est pas une catégorie quand « ... est une qualité » l'est). Bien entendu, cela peut être par contraposition un argument pour dire que la liste d'Aristote est en réalité incomplète. Nous ne faisons qu'effleurer cette difficulté et espérons donner un petit aperçu de la complexité des débats, qui ne sont pas sans écho avec des débats tout à fait contemporains.

Ce dernier point rejoint une question qui a du reste – au cours des différentes réceptions de notre petit texte – beaucoup agité les commentateurs : celle de savoir si le *nombre* de catégories proposé par Aristote était le *bon* nombre. On a pu par exemple estimer – à l'instar de Galien – qu'Aristote avait oublié dans ses catégories celle de la *composition*, si bien que la liste aristotélicienne souffrirait d'un défaut de *trop peu* : « celui qui cherche comment on a tissé une robe ou tressé une seine ou un panier ou un hamac cherche la composition »[1]. On a aussi pu estimer, comme les stoïciens ou comme Plotin, qu'Aristote en a en réalité *trop* donné et qu'il aurait très bien pu s'abstenir et être plus économe : quatre catégories (selon les stoïciens) ou cinq (selon Plotin) auraient suffi, si bien que la liste aristotélicienne souffrirait d'un défaut de *trop*. Ces quelques exemples, tirés de la réception antique, indiquent qu'il s'agit là d'une controverse qui est certainement vouée à ne jamais être tranchée (ces questions agitent encore aujourd'hui les plus grands métaphysiciens contemporains, et la question en particulier du *nombre* de catégories fondamentales est toujours au cœur de discussions brûlantes).

1. Cité par J. Barnes, « Les catégories et les *Catégories* », dans Bruun et Corti (éd.), *Les* Catégories *et leur histoire*, *op. cit.*, p. 38.

LE DÉBUT DES DIFFICULTÉS

En restant toutefois sur la liste consacrée, et si les catégories sont des rubriques dans lesquelles tombent nécessairement *quoi que ce soit qui peut être dit quand quelque chose est dit de quelque chose*, on ne manquera pas de soulever qu'il y a peut-être des ombres au tableau : par exemple lorsque je dis *de Marie* qu'elle est infirmière, j'ai bien *dit quelque chose* (qu'elle est infirmière) *à propos de quelque chose* (de Marie) et ce que j'ai dit tombe bien sous l'une des dix prédications identifiées par Aristote : la qualité. Tout comme si je dis qu'elle est *à l'officine* (lieu), ou qu'elle est *en train d'administrer un soin à un patient* (action). On notera qu'il y a une difficulté gênante avec la prédication *de temps*, car il ne semble pas évident que l'on puisse *prédiquer un temps* à quoi que ce soit. Je peux certes dire de *a* qu'il est Y, et ce faisant j'ai dit *quelque chose de a*, mais il semble que je ne peux pas – sans plus – dire de *a* (surtout si la liste des prédications recense les différentes prédications *de la substance*) qu'il est *demain, le 1er janvier 2018*, ou *dans cinq minutes*. La prédication de temps semble donc échapper à ce bel agencement et ne semble fonctionner d'une certaine façon qu'en *appui* à une autre prédication. Ainsi, je peux dire *de Marie* – la veille de la cérémonie de remise des diplômes – qu'elle *sera infirmière demain* (prédication de qualité et de temps), je peux dire qu'elle était *à l'officine* le 1er août 2023 (lieu et temps), et ainsi de suite. Cela veut dire que contrairement aux autres prédications, il semblerait que je ne puisse pas – quand la prédication du temps entre en jeu – faire une inférence du type : « Bucéphale est un cheval blanc, donc Bucéphale est un cheval et Bucéphale est blanc ». En effet, doit-on dire que « Marie sera à l'officine demain » implique (logiquement) « Marie sera à l'officine et Marie sera demain » ? Il semble alors que « Marie sera demain » est un propos incomplet, pour lequel on demandera : « que sera-t-elle demain ? »

Une façon – et c'est en fait la solution d'Aristote – d'accepter cette inférence est de dire que la prédication du temps est une manière de dire du sujet qu'il existait (si la prédication est passée), qu'il existe (si la prédication est présente), ou qu'il existera (si la prédication est future), et puisqu'il s'agit ici d'un être humain, l'inférence nous faisant passer de « Marie sera à l'officine demain » à « Marie sera *en vie* demain » semble en effet parfaitement acceptable. On se souvient que dans le traité *De l'interprétation*, Aristote relevait en effet qu'un « nom accompagné de *est*, *était* ou *sera*, dit toujours vrai ou faux » voulant dire par là qu'un propos comme « Socrate est » ou « Socrate sera » est bel et bien un propos susceptible d'être vrai ou d'être faux (entre bien dans le jeu de l'affirmation et de la négation)[1]. On pourrait alors dire : « Je peux bien inférer à la fois "Marie sera à l'officine" et "Marie sera demain" si par cette dernière proposition je veux dire qu'elle existera ». Si elle est à l'officine demain, c'est qu'elle est (et sera) vivante.

Quoi qu'il en soit, cette difficulté illustre bien les innombrables embarras de réception persistants d'un texte dont chaque lecteur semble amèrement regretter qu'il n'ait été présenté de manière plus systématique, qu'il soit si court pour des thèmes qui semblent aussi grandioses, et qu'il soit enfin si désinvolte dans l'exposition de sa méthode et de ses fins.

1. *De l'interprétation*, 16b.

CONCLUSION

Chaque paragraphe de notre traité, et même chaque ligne de notre extrait pourrait donner lieu (et de fait *a donné lieu*) à des milliers de pages de commentaire. Il est donc entendu que les quelques réflexions qui précèdent n'ont pas la prétention d'être exhaustives. Elles ont toutefois – pour l'économie globale de ce petit ouvrage – montré qu'il était possible de lire ce fragment de texte comme inaugurant une recherche avant tout *dialectique* et dont la finalité est de fournir des outils pour éviter les pièges tendus par les professionnels de l'arnaque langagière, pour s'en prémunir, pour les anticiper, et pour ne pas y sombrer[1]. Les catégories ne sont pas alors pensées comme des divisions fondamentales *de la réalité* mais comme des indications concernant ce que l'on pourrait caractériser comme des *rôles* logiques[2].

Soient les phrases « Socrate est oncle » et « Socrate est chauve ». Grammaticalement, ces deux phrases sont très ressemblantes, et pourtant elles ne sauraient donner lieu au même genre de questions, elles ne sauraient avoir les mêmes conséquences ou les mêmes implications : de « Socrate est oncle » je peux déduire qu'il y a quelqu'un

1. J'accentue certainement un peu trop le trait : je rappelle que c'est aussi bien évidemment – comme nous l'avons vu – pour répondre à des difficultés soulevées par des penseurs *qu'il respectait beaucoup* qu'Aristote met en place cette machinerie conceptuelle.

2. De ce point de vue, le texte qui nous occupe possède donc sous cette lecture une visée très différente des textes davantage scientifiques, y compris quand il s'agit de dire – comme dans le livre Γ de la *Métaphysique* – qu'il y a une *science de l'être en tant qu'être* (et que c'est *le philosophe* et non le dialecticien qui doit en réclamer la charge). Il est loin d'être évident que quiconque puisse un jour réussir à parfaitement agencer ces multiples visées trouvées au cœur de ces différents textes d'Aristote.

dont Socrate est l'oncle (son neveu ou sa nièce), je peux en outre déduire ou inférer que Socrate a ou a eu un frère ou une sœur, je peux dès lors demander *de qui* Socrate est l'oncle, etc. En contraste, de « Socrate est chauve » je ne peux pas déduire qu'il y a quelqu'un dont Socrate est le chauve, je ne peux donc pas *ipso facto* demander *de qui* Socrate est le chauve (une telle question serait même absurde). Cette différence est donc la différence entre une relation (« être oncle ») et une qualité (« être chauve ») : c'est une différence de catégorie. L'important dans cette différence ne se trouve pas tant dans les intitulés des rubriques (« relatif », « relation », « rapport » pour le premier et « qualité », « qualitatif », « qualifié » pour le second) mais bien dans ceci que ces deux attributions n'ont pas les mêmes conséquences, ne sont pas intégrées dans les mêmes réseaux d'inférences, donnent lieu à des types de questions qui ne sont pas les mêmes. C'est ce thème des motifs d'inférence que l'on va retrouver dans notre second texte et qui en gouverne la perspective. Ce texte a par ailleurs remis au goût du jour l'idée puissante d'une « erreur de catégorie », déjà présente chez Aristote.

TEXTE 2

GILBERT RYLE

La notion d'esprit[1]

Il me faut d'abord indiquer ce que l'expression « erreur de catégorie » signifie ; je le ferai en m'aidant d'une série d'illustrations.

Un étranger visite pour la première fois Oxford ou Cambridge ; on lui montre un certain nombre de Collèges [*colleges*], des bibliothèques, des terrains de sport, des musées, des laboratoires et des bâtiments administratifs. Cet étranger demande alors « Mais, où est l'Université ? J'ai vu où vivent les membres des Collèges, où travaille le Recteur, où les scientifiques font leurs expériences et tout le reste. Mais je n'ai pas encore vu l'Université dans laquelle résident et travaillent les membres de votre Université ». Il faudra alors lui expliquer que l'Université n'est pas une autre institution collatérale, une contrepartie supplémentaire aux Collèges, laboratoires et bureaux qu'il a pu voir. L'Université n'est que la façon dont tout ce qu'il a vu est organisé. Voir et comprendre la coordination de tout ce qu'il a vu, c'est voir l'Université. L'erreur de cet étranger repose dans la supposition innocente qu'il était correct

1. G. Ryle, *La notion d'esprit*, trad. fr. S. Stern-Gillet, Paris, Payot & Rivages, 2005, p. 82-83. La traduction a été légèrement modifiée.

de parler de *Christ Church College*, de la bibliothèque bodléienne, de l'*Ashmolean museum et* de l'Université, comme si cette dernière était un autre membre de la classe dont les institutions déjà mentionnées sont des membres. À tort, il logeait l'Université dans la même catégorie que celle à laquelle appartiennent les autres institutions.

La même erreur pourrait être commise par un enfant assistant au défilé d'une division. On lui a pointé du doigt les bataillons, les batteries, les escadrons, etc., et il demande alors quand défilera la division. Il supposerait ainsi qu'une division est une contrepartie aux unités déjà vues, en partie semblable à elles et, en partie, dissemblable. On corrigerait son erreur en lui disant que, voyant défiler les bataillons, les batteries et les escadrons, il a vu défiler la division. Le défilé n'était pas une parade de bataillons, de batteries, d'escadrons *et* d'une division ; c'était la parade des bataillons, des batteries et des escadrons *d'*une division.

Encore une autre illustration. Un étranger qui assiste à son premier jeu de cricket apprend quels sont les rôles des lanceurs, des batteurs, des chasseurs, des arbitres et des marqueurs. Il s'écrie alors : « Mais, il ne reste personne sur le terrain pour contribuer à cette célèbre composante du jeu qu'est l'esprit d'équipe [*team-spirit*]. Je vois bien qui lance la balle, qui la passe et qui garde le guichet mais je ne vois pas les joueurs dont le rôle serait de faire preuve d'*esprit de corps*[1] ». Une fois de plus, il faudrait lui expliquer qu'il cherche le mauvais type de choses. L'esprit d'équipe n'est pas une opération supplémentaire du jeu de cricket, complémentaire aux autres tâches spécifiques au jeu. *Grosso modo*, l'esprit d'équipe est l'ardeur avec

1. En français dans le texte.

laquelle chacune des tâches particulières est effectuée, et effectuer une tâche avec ardeur ne revient pas à effectuer deux tâches. Il est vrai que faire preuve d'esprit d'équipe n'est pas la même chose que de lancer une balle ou de la rattraper, mais ce n'est pas non plus une troisième chose telle que l'on pourrait dire que le lanceur lance d'abord la balle *et*, ensuite, fait preuve d'esprit d'équipe ou qu'un chasseur, à un moment donné, *ou bien* attrape la balle *ou bien* manifeste de *l'esprit de corps*[1].

Ces illustrations d'erreurs de catégorie ont en commun un trait qu'il faut noter. Les erreurs étaient commises par des gens qui ne savaient pas manier les concepts d'*Université*, de *division* et d'*esprit d'équipe*. Leurs perplexités provenaient d'une inaptitude à user de certains termes du vocabulaire français.

Les erreurs de catégorie intéressantes d'un point de vue théorique sont celles qui sont commises par des gens parfaitement capables d'appliquer les concepts, du moins dans des situations avec lesquelles ils sont familiers, mais susceptibles néanmoins, dans leur pensée abstraite, de ranger ces concepts sous des types logiques auxquels ils n'appartiennent pas.

1. En français dans le texte.

COMMENTAIRE

LES ERREURS DE CATÉGORIES

Nous serons sans doute tous d'accord pour dire qu'il y a des choses *qui ne se disent pas* – certaines choses ne se disent pas parce qu'elles contreviennent (ou sont contraires) aux règles élémentaires de la politesse ou de l'étiquette. On ne dira généralement pas à quelqu'un « oh là là, tu ne sens pas bon ! » par exemple. Mais ces choses qui ne se disent pas peuvent toutefois bel et bien être comprises : c'est d'ailleurs précisément parce qu'elles sont compréhensibles (intelligibles) qu'il est important – du moins dans les contextes où la politesse et la décence sont de rigueur – de ne pas les dire ; c'est parce qu'elles sont compréhensibles qu'elles peuvent notamment être blessantes ou injurieuses. On pourrait dire à ce propos : il y a un problème avec *le fait de dire*, mais pas avec le *dire* lui-même. Et il y a du reste tout un tas de contextes où il serait en réalité tout à fait approprié de dire de telles choses (si mon interlocuteur est par exemple parfumeur et me demande un avis sans retenue sur sa dernière création olfactive).

En contraste, on dira aussi par exemple que « des journals » ça ne se dit pas. On *doit* dire « des journaux », et on doit le dire *dans n'importe quel contexte* où l'on serait tenté de dire « des journals ». Il y a alors là tout à la fois un problème avec le fait de dire mais aussi avec *le dire* lui-même. En nous corrigeant, on nous dira naturellement : « ce n'est pas comme ça qu'on dit (en français) ». On comprend néanmoins *ce que l'on a voulu dire* (on a voulu utiliser la forme plurielle de « journal »). En outre, il y a bien dans ces deux premiers cas une forme de *faute* en jeu : faute (peut-être) morale dans le premier, faute grammaticale (ou lexicale) dans le second.

Il y a un troisième cas plus épineux de choses qui ne se disent pas pour lequel le grand philosophe britannique du XXe siècle Gilbert Ryle a introduit dans le texte précédent un terme de l'art dédié : le cas des « erreurs de catégorie »[1]. Ces cas – comme les précédents – sont tels qu'il y a à la fois un problème avec le fait de dire et avec le dire ; mais ils sont en outre tels qu'on ne comprend même pas – ou du moins pas vraiment – ce que l'on a voulu dire. L'erreur, s'il y en a une, est plus profonde que la simple erreur de grammaire évoquée précédemment : elle touche au statut des concepts qui sont en jeu. Il n'y a pas de confusion fondamentale de la part de quelqu'un qui dirait « des journals » (l'erreur est une erreur superficielle)[2] ; en revanche, il y a une confusion fondamentale de la part de quelqu'un qui chercherait par exemple à savoir si l'orchestre est un instrument à vent ou à corde (l'orchestre

1. Pour une bonne présentation générale en français de *La notion d'esprit* (publié sous le titre *The Concept of Mind* pour la première fois en 1949 et considéré à juste titre comme son œuvre majeure), voir le texte d'introduction à la traduction française de J. Tanney, « Une cartographie des concepts mentaux ». Je citerai dans la suite la version anglaise – G. Ryle, *The Concept of Mind*, London, Routledge, 2009, avec des traductions inédites.

2. Bien entendu, les erreurs superficielles n'excluent pas les erreurs plus profondes.

n'est ni l'un ni l'autre – non pas parce qu'il s'agit d'un *autre* type d'instrument de musique, mais parce qu'il ne s'agit pas du tout d'un *instrument* de musique).

Si l'expression « erreur de catégorie » est relativement récente, ce qui en motive l'usage est très certainement aussi vieux que la philosophie elle-même. L'idée que des difficultés ou des perplexités typiquement philosophiques soient le fruit de confusions linguistiques ou conceptuelles ne date en effet pas d'hier. Nous avons vu avec le texte précédent d'Aristote que l'attention sur les catégories était pour ainsi dire indissociable de l'activité philosophique elle-même, que les catégories constituaient en outre une arme de premier choix pour terrasser les raisonnements fallacieux, et que leur introduction dans l'arsenal philosophique était très certainement en grande partie liée au besoin de répondre aux chicanes des professionnels du pinaillage.

Plus récemment et en guise d'illustration de la pérennité de cette tradition, je rappellerai une analogie donnée par un autre philosophe britannique, mais du XVIIe siècle cette fois, à savoir John Locke. Dans le chapitre XXI dédié au *pouvoir* issu du deuxième livre de l'*Essai sur l'entendement humain*, Locke cherche à montrer qu'une question pourtant débattue – celle de savoir si la volonté humaine est libre – ne mérite tout simplement pas de se poser. Et elle ne mérite pas de se poser non pas parce que sa réponse serait évidente ou au contraire au-delà de nos espoirs de l'atteindre mais parce qu'elle témoigne plutôt d'une sorte de confusion. Il est tout aussi dénué de signification, dit-il, de demander « si la *volonté* de l'homme est libre que de demander si son sommeil est rapide, ou sa vertu carrée ; on ne peut pas plus attribuer la *liberté* à la *volonté* que la rapidité du mouvement au sommeil ou la quadrature à la vertu »[1]. La liberté, dira-t-il quelques lignes plus loin, est un pouvoir, et les pouvoirs n'appartiennent qu'aux agents, et non à la volonté, qui est elle-même un pouvoir. Autrement dit, seuls les agents ont des pouvoirs, les pouvoirs eux-mêmes n'ont pas de pouvoir.

Ce qui est frappant dans le propos de Locke (au-delà du débat particulier qui le suscite ou de la question de savoir si son diagnostic est correct), c'est qu'il ne semble pas fournir une *solution* à la question soulevée (la volonté humaine est-elle libre, oui ou non ?) – une solution serait en effet « non, elle n'est pas libre » ou « oui, elle est libre ». Ici, le propos de Locke revient à rejeter la question *et les deux réponses qui l'accompagnent naturellement*. On dirait aujourd'hui, en reprenant l'expression de Ryle, que la question relève au fond d'une *erreur de catégorie* (ou plus exactement qu'elle *présuppose* une erreur de catégorie) : en rappelant que la volonté est un pouvoir, en rappelant qu'un pouvoir ne saurait avoir de pouvoir, il écarte et rejette alors la question elle-même, faute – dit-il – d'applicabilité du prédicat au sujet.

Les exemples analogues qu'il prend (le sommeil rapide et la vertu carrée) sont des exemples saugrenus, des exemples choisis parce que précisément *personne* ne pose de telles questions :

a) Le sommeil est-il rapide ou est-il lent ?

b) La vertu est-elle carrée ou est-elle ronde ?

Et il devrait être tout aussi saugrenu, selon Locke, de se demander :

c) La volonté humaine est-elle libre ou ne l'est-elle pas ?

1. J. Locke, *Essai sur l'entendement humain*, Livres I et II, Paris, Vrin, 2001, p. 383.

On comprend au passage qu'il y a au fond plusieurs façons de sortir d'une question. Je m'explique : si on me pose par exemple la question b), je pourrais sortir de l'alternative proposée d'une première façon en disant par exemple : « elle n'est ni carrée ni ronde puisqu'elle est triangulaire ». C'est là une première façon de sortir de la question tout en restant cependant dans le cadre général qu'elle propose (*i.e.* enquêtons sur la forme géométrique de la vertu). Une façon bien plus radicale de sortir d'une telle question serait de dire : « mais enfin, la vertu n'est pas le *genre de choses* qui a une forme ou une autre ! ».

C'est pour établir ce contraste qu'on distingue parfois deux attitudes face à une question philosophique : la première consiste à fournir (par le biais d'une argumentation) une *solution* à la question (et donc à s'engager sur une *thèse* suscitée par la question), la seconde consiste à plutôt abandonner la question, c'est-à-dire non pas à chercher à résoudre le problème mais bien plutôt à le *dissoudre*. Or, on comprend que dissoudre une question n'est pas la même chose que de ne pas s'y intéresser (ou la rejeter d'un revers de la main) : la conclusion philosophique qu'il faut *abandonner* la question est généralement le signe d'un grand intérêt pour la question, ou du moins pour le milieu qui l'a vu naître. Je le précise car il arrive souvent qu'une telle option philosophique soit confondue avec une sorte de mépris pour la question ou d'indifférence pour le terrain qui a pu lui donner naissance. Ainsi, quand Ryle estime qu'il y a au fondement d'une grande et auguste tradition de la philosophie de l'esprit, une erreur de catégorie, c'est explicitement pour redonner à certaines expressions leur bonne « géographie logique », c'est-à-dire donner la bonne façon de comprendre des propos comme « il *croit* qu'elle lui ment », « tu *percevras* une lumière au loin », « il *se souvient* de son prénom », « c'est *consciemment* que tu lui as fait du mal », « ils *désirent* ardemment prendre le contrôle de la mairie », etc. Et c'est précisément parce que *ces expressions sont intéressantes* et importantes dans nos vies qu'il est important de ne pas les comprendre de travers. C'est parce que ces expressions (et une multitude indéfinie d'autres) jouent un rôle central dans nos existences qu'il est important de ne pas se laisser mystifier par certaines constructions théoriques les prenant pour objet.

Chose remarquable, la plupart des monographies ou des exposés ayant pour thème les erreurs de catégorie commencent invariablement par donner des exemples (plutôt que des définitions), et Ryle au moment d'expliquer ce qu'il entend par « erreur de catégorie » procède selon toute apparence exactement de la même façon, en donnant « une série d'illustrations », avec sans doute plus de panache qu'en dressant toutefois une austère liste[1]. Les premiers exemples (ou « illustrations ») qu'il donne sont très connus mais ne sont pas – de l'aveu de Ryle lui-même – théoriquement très intéressants.

La demande de l'étudiant étranger est bel et bien *fautive*, erronée, incorrecte, et peut-être même un peu bizarre. Son erreur est de penser une chose (en l'occurrence l'université) sur le modèle d'une (ou de plusieurs) autre(s) (en l'occurrence sur le modèle des différentes *composantes* de l'université visitées dans l'après-midi). Il y a erreur de catégorie car l'université n'est pas *le genre de choses* qui se visite *comme* se visitent disons le théâtre universitaire ou la bibliothèque universitaire. Cet exemple n'est pas

1. En réalité, Ryle donne dans l'introduction de son livre certaines clés, souvent mises de côté dans les critiques et les restitutions, et sur lesquelles nous reviendrons.

particulièrement intéressant (selon Ryle) parce qu'il met en scène une personne qui ne maîtrise pas du tout l'usage du terme « université » (il y a donc une forme d'inaptitude lexicale). Les erreurs de catégorie intéressantes sont celles qui surgissent quand nous avons affaire à des locuteurs qui savent très bien – au moins dans certaines situations familières – utiliser les termes ou les concepts en question, mais qui – à certains moments clés ou inhabituels, et en particulier quand il s'agit de *théoriser* – s'emmêlent les pinceaux et en viennent eux aussi à parler d'une chose sur le modèle d'une autre, qui est pourtant radicalement différente de la première. C'est notamment – c'est la cible principale du livre dont est tiré notre petit texte – ce qui se passe fréquemment lorsque l'on parle d'esprit, lorsque l'on théorise sur les expressions relevant de ce que l'on appelle le « mental », si bien qu'une grande partie des problèmes classiques de la philosophie de l'esprit se retrouvent, selon Ryle, sous le chef d'accusation d'avoir plus ou moins subrepticement intégré en leur sein une ou des erreurs de catégorie. Il est ainsi tentant, mais fautif, de penser que l'esprit est une *chose* ou une *substance*, susceptible de se trouver seulement dans des *états* (par exemple des *états de croyance*), que ses opérations sont forcément des sortes de *processus internes cachés*, que l'introspection est une sorte d'observation privilégiée de ces processus internes, etc. C'est cette architecture conceptuelle qu'il faut alors, si l'on en croit Ryle, réviser. On opérera une telle révision en notant, par exemple, qu'un grand nombre de nos concepts mentaux sont en réalité *dispositionnels* (et échappent donc à la structure conceptuelle jusqu'ici imposée).

QU'EST-CE QU'UNE ERREUR DE CATÉGORIE ?

Il semble toutefois primordial, si l'on accuse quelqu'un d'avoir commis une erreur de catégorie, de savoir et de comprendre précisément ce qu'est une erreur de catégorie, d'avoir les idées claires sur ses ressorts et ce que cette accusation recouvre réellement. Il est remarquable qu'il y ait à cet endroit des difficultés et une absence de consensus sur ce qu'est censée être une erreur de catégorie. Comme nous l'évoquions précédemment, plutôt que de présenter la notion d'erreur de catégorie sous la bannière d'une sorte d'inaptitude (partielle du moins), il est habituel ou fréquent que l'on nous présente les choses non pas en définissant ce qui est caractéristique de cette inaptitude, mais en donnant une *liste de phrases* (qui auraient cette caractéristique d'*être* des erreurs de catégorie). Cette façon de présenter génère pourtant certains problèmes symptomatiques : on se demandera par exemple comment *expliquer* que certaines phrases *sont* des erreurs de catégorie tandis que d'autres n'en sont pas (« comment se fait-il que cela ne se dise pas ? » – « comment se fait-il que ces phrases aient cette caractéristique-là ? »). On se demandera si cette caractéristique est compatible avec d'autres (une phrase peut-elle à la fois être une erreur de catégorie et pourtant être douée de signification ? Une erreur de catégorie peut-elle avoir une valeur de vérité ? Est-elle compréhensible ? Peut-elle répondre à certaines règles de construction ? etc.). On proposera alors tour à tour des explications syntaxiques, sémantiques ou même pragmatiques du « phénomène des erreurs de catégorie ». Ce premier pas est pourtant très chargé, et il n'est pas évident que la bonne façon d'appréhender ce qu'est une erreur de catégorie soit de passer par un tel examen.

Pour autant, que trouve-t-on dans une telle liste ? Quels sont ces exemples paradigmatiques d'erreurs de catégorie donnés dans ces présentations les plus habituelles ? J'en signale quelques-uns qui reviennent au cours de ces discussions :

1. La quadruplicité boit la procrastination[1].
2. César est un nombre premier[2].
3. Samedi est au lit[3].
4. La théorie de la relativité est bleue[4].
5. L'amour a une surface lisse[5].
6. Le nombre 2 est bleu[6].

Dans la philosophie contemporaine, c'est sous l'impulsion de questionnements liés aux fondements des mathématiques et au fameux paradoxe de Russell que le besoin de thématiser ces « erreurs de catégorie » s'est montré le plus pressant. On se souvient que la

1. B. Russell, *An Inquiry into Meaning and Truth*, New York, W.W. Norton & Co, 1940.

2. R. Carnap, « The Elimination of Metaphysics Through Logical Analysis of Language », *in* A. Ayer (ed.) *Logical Positivism*, New York, The Free Press, 1959. Notons que le fameux exemple de Carnap suit cet autre exemple : « César est et ». Nous ne dirions certainement pas, pour ce dernier exemple, que nous avons affaire à une erreur de catégorie. Le problème de cette suite de mots est – dit alors Carnap – purement syntaxique tandis que l'exemple « César est un nombre premier » est un « pseudo-énoncé » qui nécessite toutefois que l'on distingue la syntaxe grammaticale (qu'il suit bel et bien) de la syntaxe *logique* (qu'il ne suit pas).

3. G. Ryle, « Categories » [1938], *Collected Papers vol. 2 – Collected Essays 1929-1961*, London, Routledge, 2009.

4. T. Drange, *Type Crossings*, Den Haag, Mouton & Co, 1966.

5. S. Lappin, *Sorts, Ontology, and Metaphor*, Berlin-New York, W. de Gruyter, 1981.

6. O. Magidor, *Category Mistakes*, Oxford, Oxford University Press, 2013.

solution de Russell à son propre paradoxe ensembliste était d'abandonner l'idée que n'importe quelle condition pouvait bel et bien déterminer l'existence d'un ensemble et de proposer en guise de remède l'établissement d'une hiérarchie de *types* : les individus sont de type 0, les prédicats de type 1 ne s'appliquent qu'aux individus, les prédicats de type 2 ne s'appliquent qu'aux prédicats de type 1, les prédicats de type 3 ne s'appliquent qu'aux prédicats de type 2, et ainsi de suite. Il est dès lors exclu, disons, que des prédicats de type 2 s'appliquent à des individus. L'embarras de départ et les embarras subséquents face à ces tentatives de solutions ont été le terreau pour de nombreuses réflexions dépassant très largement la question du fondement des mathématiques, et en particulier des réflexions gravitant autour de la notion de *non-sens*, puisque l'erreur de catégorie semble bien être une sorte particulière de non-sens.

Carnap dans l'*Aufbau* (1928) parlait de « confusion des sphères »[1], puis de « confusion de type »[2] ; Ryle dans les années 1930 et sous l'influence de la théorie russellienne que nous venons d'évoquer, ne parlait pas encore d'erreur de catégorie mais plutôt de « *type trespass* » (violation de type)[3] ; T. Drange utilise quant à lui l'expression « *type crossing* » (franchissement de type)[4] et certains

1. R. Carnap, *La construction logique du monde*, trad. fr. T. Rivain, Paris, Vrin, 2002.

2. R. Carnap, « The Elimination of Metaphysics (...) », *op. cit.*

3. « Categories » de G. Ryle commence ainsi : « Les doctrines des catégories et les théories des types sont des explorations du même champ. Et ce champ est toujours largement inexploré. » L'articulation avec le souci *métaphilosophique* est également immédiatement thématisée : « Nous sommes donc dans l'obscurité en ce qui concerne la nature des problèmes et des méthodes philosophiques si nous sommes dans l'obscurité en ce qui concerne les types ou les catégories ».

4. T. Drange, *Type Crossings*, *op. cit.*

auteurs plus contemporains préfèrent quant à eux les syntagmes d'« incorrection sortale »[1] ou de « *category confusion* »[2] (confusion de catégorie). Il est entendu que la façon dont ces phrases, ces éléments de discours ou de propos seront désignés trahira une certaine attitude philosophique. De la même façon, dire en guise de diagnostic que de tels exemples sont *mal formés* ou préférer en contraste dire qu'ils sont incorrects, malheureux, indéterminés, illégitimes ou encore absurdes trahira sans doute l'adoption de certains choix philosophiques. Pour le dire autrement : la rubrique des erreurs de catégorie est elle-même inévitablement prise dans des difficultés typiquement *catégoriales* ! On pourra alors volontiers se demander ce qu'il y a de commun dans les erreurs de catégorie, ce qui les caractérise et ce qu'elles caractérisent : s'agit-il seulement des *phrases*, si oui, s'agit-il de tout type de phrase, etc. ? Si les erreurs de catégorie intéressent les logiciens, s'agit-il pour autant d'erreurs *de raisonnement* ? S'agit-il d'erreurs ou de confusions qui peuvent *engendrer* des erreurs de raisonnement ?

LA CATÉGORIE DES ERREURS DE CATÉGORIE

Il est commun de présenter l'erreur de catégorie de cette façon : une erreur de catégorie est une phrase qui couple (ou qui associe) un sujet à un prédicat, association qui résulte en un non-sens[3]. Cette façon de présenter

1. S. Lappin, *Sorts, Ontology, and Metaphor, op. cit.*

2. N. Rescher, *Paradoxes, Their Roots, Range, and Resolution*, Chicago-La Salle, Open Court, 2001.

3. Voir par exemple G. Ryle, « Categories », *op. cit.*, p. 188 : « Lorsqu'une phrase est (ni vraie ni fausse mais) du non-sens ou absurde, bien que son vocabulaire soit conventionnel et que sa construction soit régulière, nous disons qu'elle est absurde car au moins une des expressions qui la constituent n'est pas du bon type pour qu'elle soit

assimile tout d'abord un point important, à savoir que si les erreurs de catégorie sont une affaire de non-sens, il reste toutefois à distinguer plusieurs *types* de non-sens. L'erreur de catégorie, si elle résulte en un non-sens, n'est pas un non-sens au même titre que du charabia est du non-sens. Il y a ainsi à tout le moins une différence à articuler entre le non-sens « Jules César est un nombre premier » et le non-sens « Ab sur ah ». Pour le dire de manière imagée : le premier non-sens n'est pas issu du pur chaos ! Plus précisément, il n'est pas question, dans le cas du charabia de distinguer des parties du discours[1]. On semble en contraste comprendre – dans le cas de l'erreur de catégorie – de quoi on parle (de Jules César) et ce que l'on en dit (que c'est un nombre premier), mais on peine à comprendre que l'on puisse dire de ce dont on parle ce que l'on prétend en dire. Autrement dit, nous pouvons bien, dans le cas des erreurs de catégorie, *opérer* sur ce qui semble être dit, comprendre au moins *en partie* ce qui semble être dit, comprendre en somme certains égards du propos. Nous ne pouvons toutefois pas vraiment *dire* (en un sens plus fort de « dire ») ce qui est intégralement dit (car il n'y a au bout du compte *rien* à dire), nous ne pouvons pas réellement le comprendre et nous ne pouvons pas non plus l'expliquer[2].

couplée – ou couplée de cette façon – avec une autre ou des autres expressions qui la constituent. Nous pouvons dire que de telles phrases commettent des violations de type [*type trespasses*] ou brisent certaines règles gouvernant la typologie [*type-rules*]. »

1. Toujours dans cet article de 1938, Ryle privilégie justement plutôt le terme « absurde » dans le cas de l'erreur de catégorie, et ceci pour bien le distinguer d'autres expressions comme « dénué de sens » (*meaningless*) ou « qui relève du non-sens » (*nonsensical*) qui s'appliqueraient, pense-t-il, pour des cas comme « Abracadabra » ou « Ab sur ah ».

2. Il peut en outre, bien entendu, y avoir une absurdité qui ne soit *ni* une erreur de catégorie, *ni* du charabia. La distinction entre du charabia

Les exemples donnés précédemment semblent bien choisis pour une telle caractérisation de l'erreur de catégorie, et se conforment au moule que l'on pourrait appeler le *moule de la discrépance prédicative* : on dira ainsi que « le nombre 2 » est un sujet mal choisi pour un prédicat de couleur comme « … est bleu ». Il aurait fallu choisir un autre type de sujet, et notamment un sujet qui a une surface ou quelque chose qui s'en approche. De la même façon, « Samedi » est un sujet mal choisi pour un prédicat comme « … est au lit ». Il aurait fallu choisir un sujet susceptible de pouvoir s'allonger et pas un jour de la semaine, et ainsi de suite. Plusieurs images gouvernent alors ce diagnostic : le sujet désigné est une entité qui n'est pas *compatible* avec le prédicat en question, elle ne parvient pas à s'emboîter ou à s'assembler comme il faut avec le prédicat, elle n'est pas en harmonie avec lui, etc. Ces images risquent toutefois d'être mystifiantes pour des raisons que nous allons bientôt articuler.

Il me semble que nous pouvons gagner en clarté et en compréhension si nous passons plutôt par la réflexion suivante. Comme Ryle le dira dans le chapitre suivant où il introduit une distinction qui a également fait couler beaucoup d'encre entre *savoir-que* (*knowing that*) et *savoir-comment* (*knowing how*), les erreurs – en toute généralité – présupposent des exercices de compétences. Je m'explique. Je veux dire par là que pour que l'on ait affaire à une erreur, il faut que des compétences soient exercées (ou aient été exercées) : je ne peux faire une erreur d'interprétation de ce texte écrit en chinois par exemple, que si je maîtrise – ne serait-ce qu'un peu – le chinois. Il ne serait *pas du tout* question que je

et une erreur de catégorie n'est donc pas – pour le non-sens – une distinction exhaustive, même si elle est exclusive (une erreur de catégorie n'est pas du charabia, du charabia n'est pas une erreur de catégorie).

fasse une erreur d'interprétation si je ne maîtrisais *pas du tout* le chinois. Quelle est alors la compétence ou l'ensemble de compétences d'arrière-plan dans le cas d'une erreur *de catégorie*? Eh bien très certainement s'agit-il des compétences de *catégorisation.* Il y aurait erreur de catégorie dès lors que nous avons affaire à une *mauvaise catégorisation.* Cela veut dire qu'il faut à la fois comprendre ce que l'on entend par « catégorisation » pour comprendre les erreurs de catégorie, mais qu'il faut aussi bien évidemment comprendre ce que peut vouloir dire ici *mauvaise* : à quel égard une catégorisation peut-elle être mauvaise? Qu'est-ce que cela peut vouloir dire – pour une catégorisation – d'être mauvaise?

On a souvent caricaturé la position de Ryle face à ces questions. De la même façon, on lui a souvent reproché de ne pas avoir fourni une *théorie* (en bonne et due forme) des erreurs de catégorie et d'être beaucoup trop relâché dans son *explication* des erreurs de catégorie[1]. Ces reproches sont très chargés : Ryle n'envisage pourtant à aucun moment les erreurs de catégorie comme une classe de phrases dont l'existence nous stupéfierait (et qui demanderait ou exigerait donc une explication). Une personne qui commet une erreur de catégorie n'est pas une personne simplement susceptible de prononcer *une certaine phrase* (phrase dont le statut serait pour nous, théoriciens, incertain). Il s'agit plutôt d'une personne qui

1. Je donne à titre d'exemple récent la philosophe et logicienne anglaise O. Magidor qui, dans une monographie sur les erreurs de catégorie, se montre avec Ryle peu charitable et assez sévère. Voir notamment O. Magidor, *Category Mistakes*, *op. cit.*, p. 10 où elle conclut péremptoirement : « Mais à l'exception de quelques exemples plutôt obscurs, Ryle ne dit pas grand-chose sur ce que sont les erreurs de catégorie ou sur la façon dont on devrait les expliquer ».

s'embrouille dans certaines implications, qui n'est pas au clair sur certaines incompatibilités, qui patauge lorsqu'il faut déterminer si certains propos sont cohérents. Il s'agit au fond d'une personne qui *ne sait pas y faire*. Et c'est quand cette personne est philosophe que son inaptitude est, pour Ryle, particulièrement digne d'intérêt.

L'Objection de Smart

Dans le même ordre d'idées, on lit aussi parfois que le philosophe australien J. J. C. Smart aurait – en une brève note – complètement anéanti la position ryléenne sur les catégories[1]. Il aurait réussi à montrer que cette position était incapable de dresser des distinctions importantes de catégories ou qu'elle était condamnée – ce qui peut revenir au même – à dresser un trop grand nombre de distinctions de catégorie. De sorte par exemple, continue l'objection, que « 7 » ne serait pas dans la même catégorie que « 8 » ou que « chaise » ne serait pas dans la même catégorie que « tabouret ». Smart fait reposer sa critique sur un critère qui n'est pas thématisé explicitement par Ryle dans l'ouvrage *The Concept of Mind* mais qui est sans doute davantage suggéré par ses textes antérieurs (textes dans lesquels l'influence de Russell, du *Tractatus* mais aussi de Husserl étaient certainement plus prégnantes que par la suite)[2]. La stratégie de Smart repose entièrement

1. J. J. C. Smart, « A Note on Categories », *The British Journal for the Philosophy of Science*, vol. 4, n° 15, nov. 1953, p. 227-228.

2. Voir par exemple l'article « Categories », *op. cit.*, p. 188, où Ryle utilise explicitement un critère de substituabilité : si l'on a affaire à une expression E, connaître la catégorie de E, dit Ryle, c'est savoir « dans quelles sortes de phrases non absurdes et à quelles positions [l'expression E] peut entrer », c'est également savoir « quelles sortes de phrases seraient rendues absurdes par la substitution [de l'expression E]

sur l'idée que l'on distinguerait des catégories à l'aide de critères de substitution (ou de substituabilité) *salva beneformatione* (ou *salva congruitate*). Les critères de substituabilité sont des armes de premier choix dans l'arsenal philosophique. L'invention de la *variable* (et par là-même la naissance de la logique *formelle*[1]) est par exemple le témoignage d'une sensibilité à ces opérations de substitutions qui ont pour effet de conserver un certain aspect du propos. Ainsi, dans un raisonnement valide, je peux m'adonner à tout un tas de substitutions qui n'altéreront en rien la validité du raisonnement. On parle également de critères de substituabilité *salva veritate* quand une substitution d'une partie de discours à une autre ne change pas la valeur de vérité du propos (la vérité *est sauve*) ; on parle en contraste de critère de substituabilité *salva beneformatione* lorsque la phrase obtenue après substitution en son sein d'une expression à une autre *est toujours bien formée* (est toujours signifiante). En l'espèce, nous aurions affaire à des catégories différentes entre deux expressions *a* et *b* si, lorsque nous substituons *a* à *b* dans

à l'un de ses *sentence-factors* ». L'expression « sentence-factor » est une invention de Ryle et correspond à une *partie* de phrase (Ryle privilégie l'expression « facteur » pour écarter la tentation qui consisterait à penser qu'une partie de phrase peut être autonome par rapport à la phrase) ; une phrase peut avoir plusieurs parties ou plusieurs facteurs. Pour reprendre l'exemple de Ryle, dans le propos « Je suis l'homme qui a écrit cet article », les parties « Je », « l'homme qui », « qui a écrit cet article », « écrit cet article » sont des *sentence-factors* (voir p. 181). De la même façon, on trouve dans cet article une idée assez russellienne qu'un « meilleur symbolisme » nous épargnerait les ambiguïtés de type ou de catégorie (voir p. 190).

1. Qui est – comme on le sait – l'œuvre d'Aristote. Les historiens de la logique font remonter la première occurrence d'une variable au second chapitre des *Premiers analytiques*, 25a14. Voir W. Kneale & M. Kneale, *The Development of Logic*, Oxford, Clarendon Press, 1962, p. 61.

un propos, le propos de départ qui avait du sens n'en a plus (ou inversement si le propos de départ qui n'avait pas de sens en a désormais). Les philosophes et les logiciens utilisent donc fréquemment des critères de substituabilité, et certains textes de jeunesse de Ryle alimentent l'idée que ce genre de critère serait décisif pour établir des différences de catégorie.

Il est pourtant facile de voir qu'il y a quelque chose de problématique avec un tel critère : je ne peux par exemple pas substituer sans absurdité – dans le propos « Le dossier de la chaise me fait mal au dos » – à l'expression « la chaise » l'expression « le tabouret » ou l'expression « le lit ». La raison en est que les tabourets et les lits n'ont pas de dossier, ce qui rendrait le propos ainsi formé absurde. On passerait donc d'un propos qui a du sens (« Le dossier de la chaise me fait mal au dos ») à un propos qui n'en a pas (« Le dossier du tabouret me fait mal du dos »). Il faudrait donc dire que ces expressions (« chaise », « tabouret », « lit ») sont des expressions de catégories différentes, ce qui semble plutôt difficile à admettre (puisque nous pensons intuitivement que les chaises, les lits et les tabourets font bel et bien partie de la *même* catégorie – la catégorie des meubles, des artéfacts, des substances, etc.). L'idée générale est que l'on peut certainement toujours trouver une phrase rendue absurde par la substitution d'une de ses expressions à une autre qui est pourtant très clairement de la même catégorie. Le risque serait alternativement de conclure qu'à chaque expression ne correspond qu'une catégorie, ce qui rendrait le vocabulaire des catégories creux et pour le moins inutile.

Cette critique ne me semble pas très puissante, et passe à côté d'un aspect pourtant crucial de la position défendue par Ryle : les erreurs de catégorie paradigmatiques ne sont pas les erreurs par *discrépance prédicative* que nous avons évoquées plus tôt. L'objection de Smart manque donc tout simplement sa cible puisqu'elle repose sur l'idée que Ryle soutiendrait – ce qu'il ne fait pas – que le critère pour distinguer les catégories devrait passer par le test de la transformation du sens au non-sens quand des substitutions s'opèrent *au sein d'une phrase*.

Notons qu'il y a du reste certainement déjà des bizarreries lorsque nous substituons des termes *qui sont pourtant en apparence synonymes* au sein d'une seule et même phrase : on peut « mettre un coup de boule » à quelqu'un (ce qui est alors synonyme de « coup de tête » et parfaitement compréhensible) mais il est grotesque de dire « il est fort en maths, *c'est une vraie boule* ». On dira pourtant dans cette dernière circonstance : « c'est une vraie tête ». On ne dira pas non plus « j'ai trop travaillé : j'ai un gros *mal de boule* » sous peine d'absurdité (ou de malentendu), tandis qu'il est immédiatement intelligible de dire dans ces circonstances « j'ai un gros mal de tête ».

Ces exemples sont facétieux, mais ils indiquent une chose importante, à savoir que le critère de substituabilité présuppose que le résultat de la substitution soit bel et bien une *phrase de la langue française* (*i.e.* une phrase *qui ait un usage*). Or c'est précisément ce qui est en jeu dans le cas des erreurs de catégories. Si la phrase est l'unité la plus petite *qui permet d'accomplir un acte linguistique*, il n'est alors pas du tout évident que les exemples donnés habituellement d'erreurs de catégorie y parviennent. Il faudrait sans doute à cet endroit distinguer la reconnaissance que nous avons affaire à *une phrase* et la reconnaissance que nous avons affaire à une *structure de phrase*. Il y a certes tout un tas d'opérations auxquelles nous pouvons nous livrer à partir de tels exemples : nous pouvons identifier le temps grammatical, passer de la voie active à la voie passive, transposer en discours indirect, les traduire mot à mot, etc. Il y a bien de ce point de vue une *structure de phrase* et ces opérations portent en réalité sur cette structure. Mais il est douteux qu'il y ait la moindre compréhension d'un sens, même *potentiel*[1]. Le risque est de penser que l'erreur de catégorie est une phrase dont le sens serait de ne pas avoir de sens[2].

Toujours est-il qu'il y a un embarras explicite dans l'article de 1938 de Ryle puisque celui-ci se termine par une question ouverte. L'erreur de catégorie est bel et bien une erreur puisqu'elle peut être corrigée, et lorsqu'elle est corrigée, le statut de ces corrections est tout à fait particulier : il s'agit de ce que Ryle appelle alors des « *Category-propositions* » (des « propositions catégorielles »), *i.e.* des énoncés qui assertent quelque chose concernant le type logique d'un facteur ou d'un ensemble de facteurs. Toutes les propositions catégorielles sont des propositions philosophiques, et toutes les propositions philosophiques, soutient Ryle, sont des propositions catégorielles. Or, si nous montrons qu'il y a une différence de type ou de catégorie via un critère de substitution qui résulte tantôt en une absurdité, et tantôt non, la grande question devient alors : comment établissons-nous que nous avons affaire à une forme ou à

1. Voir à ce sujet l'article très utile de H.-J. Glock, « All Kinds of Nonsense », *in* E. Ammereller, E. Fischer (eds.) *Wittgenstein at Work*, London, Routledge, 2004, p. 221-245.

2. Cette dernière remarque est un écho au § 500 des *Recherches philosophiques* de L. Wittgenstein : « Lorsqu'on dit d'une phrase qu'elle est dénuée de sens, ce n'est pas pour ainsi dire son sens qui est dénué de sens. C'est plutôt qu'une combinaison de mots est exclue du langage, retirée de la circulation ».

une autre d'absurdité ? Quels sont les tests ou les critères pour déterminer que ceci est absurde tandis que cela ne l'est pas[1] ? Par la suite, Ryle abandonne les prétentions théoriques ou constructives qui sont distinctives de l'article de 1938 mais il introduit pourtant l'expression « erreur de catégorie » qui nous occupe actuellement[2]. Cet attachement demande un certain éclairage, éclairage que nous allons proposer dans les sections suivantes.

LE « DOUBLE DÉCOMPTE »

Quelle est alors la *bonne façon* d'appréhender le propos de Ryle ? La philosophe britannique O. Magidor, que nous avons déjà évoquée, lorsqu'elle reproche à Ryle de ne pas avoir su fournir une théorie des erreurs de catégories, remarque de manière perplexe que celui-ci « semble être troublé, à certains endroits, par une sorte de problème de "double décompte" [*double counting*] »[3]. Cet aspect a été systématiquement mal compris et il fournit pourtant la clé pour saisir ce que Ryle vise par-dessus tout lorsqu'il parle « d'erreur de catégorie ». On a pu faire dire à Ryle par exemple que, dans le cas de l'esprit (qui est le thème principal du livre), il y aurait double décompte puisque l'on compterait tantôt l'esprit de la personne, et tantôt son corps, sans réaliser que nous avons compté *deux fois la même chose*. Autrement dit, il n'est pas inhabituel de présenter Ryle comme introduisant le vocabulaire des « erreurs de catégorie » pour couvrir les cas où quelqu'un

1. Voir G. Ryle, « Categories », *op. cit.*, p. 193.

2. Certains philosophes estiment d'ailleurs que les « erreurs de catégorie » n'existent pas (ne sont rien d'autre que de simples erreurs de vocabulaire). C'est par exemple la position de T. Drange, *Type Crossings*, *op. cit.*, p. 64-66.

3. O. Magidor, *Category Mistakes*, *op. cit.*, p. 10.

compterait un *x* et un *y* comme s'ils étaient *deux*, alors qu'ils sont *en fait* identiques (alors qu'il n'y a en réalité qu'*une seule* chose). La philosophie de l'esprit de Ryle reviendrait donc à affirmer que l'esprit *n'est rien d'autre* que le corps, qu'il ne s'agit au bout du compte pas d'une chose *distincte* du corps (ou de son comportement), accusant ainsi le dualiste (sous la figure stéréotypée du « cartésien ») d'avoir échoué à bien dénombrer les choses.

Cette lecture est pourtant erronée de bout en bout : elle ne s'accorde nullement avec ce que dit Ryle explicitement à la fois en introduisant son livre, et au cours du fameux premier chapitre d'où est tiré notre extrait. Elle est en outre fondamentalement incompatible avec le grand projet que Ryle se propose d'entamer au sein de son œuvre majeure.

Une première remarque superficielle est qu'il peut très bien y avoir des erreurs de catégorie pour lesquelles l'incongruité n'est aucunement liée au mauvais choix d'un sujet (ou au mauvais choix d'un prédicat) mais à la mauvaise application d'un adverbe. Soient les deux exemples suivants : « il s'est endormi *en sursaut* », « il a vu *attentivement* ». On rétorquera en effet pour le premier : « s'endormir n'est pas quelque chose que l'on peut faire en sursaut; se réveiller, oui. Il y a donc erreur de catégorie, et il s'agit ici soit du mauvais verbe soit du mauvais adverbe ». L'autre exemple sur lequel Ryle a beaucoup insisté est à la base de la distinction entre les verbes de succès et les verbes de procès. On dira : « voir (verbe de succès) n'est pas quelque chose que je peux faire attentivement; regarder (verbe de procès), oui ». La discrépance n'est pas forcément *prédicative*. C'est de ce point de vue un premier point de rupture, mais ce n'est pas ce point de rupture qui est le plus intéressant (il n'est du reste pas évident qu'il échappe à la critique de Smart).

Les illustrations que donne Ryle au moment de l'introduction de ce diagnostic « d'erreur de catégorie » ne sont pas des exemples où l'erreur consisterait en ce que l'on a un prédicat F*x* portant sur une mauvaise gamme de valeurs pour la variable *x*. Les illustrations en question sont avant tout des erreurs de *conjonction* (et pas de prédication), en particulier lorsque ces conjonctions sont quantifiées existentiellement. Il y a une absurdité, dit Ryle, à conjoindre des termes ayant des types différents. Le motif récurrent au sein des différents exemples pour illustrer ce que Ryle entend par « erreur de catégorie » est donc : il y a *n* choses de catégorie A, et une chose de catégorie B, donc il y a *x choses* (où *x* est un nombre). C'est ce passage qui n'est pas, selon Ryle, légitime et qui constitue avant tout une erreur de catégorie[1]. Un des exemples donnés par Ryle est le suivant : « Une cliente peut dire qu'elle a acheté un gant de la main gauche et un gant de la main droite, mais pas qu'elle a acheté un gant de la main gauche, un gant de la main droite *et* une paire de gants »[2]. Autrement dit, c'est parce qu'une paire de gants et un gant de la main gauche (disons) ne sont pas de la même catégorie que leur conjonction est malencontreuse. L'erreur de catégorie a donc bien un lien avec le décompte, mais pas – comme le dit Magidor – avec le *double* décompte.

1. J. Goldwater montre ainsi de manière convaincante que chaque exemple d'erreur de catégorie donné dans le premier chapitre de *The Concept of Mind* peut au fond se comprendre sur ce modèle (J. Goldwater, « Ryle, the Double Counting Problem, and the Logical Forms of Category Mistakes », *Journal of the History of Philosophy*, vol. 56, n° 2, Avril 2018, p. 337-359).

2. G. Ryle, *The Concept of Mind*, *op. cit.*, p. 11.

Il n'est bien évidemment pas inhabituel de concevoir les énoncés de décompte comme des grandes conjonctions. Ryle ne veut pas dire qu'il y aurait *systématiquement* un problème avec cette façon de les concevoir. En revanche, il y a bel et bien un problème si les opérandes sont de catégories différentes. Pour Ryle, c'est s'il y a un *n* d'une certaine catégorie, et un *m* d'une autre catégorie qu'il y a alors *pour n'importe quel* énoncé prétendant fournir un décompte, une erreur de catégorie (donc *aussi bien* si la réponse prétend être « 2 » que si elle prétend être « 1 »). C'est *tout décompte putatif* qui est alors frappé par cette erreur. On comprend alors pourquoi la lecture précédente était erronée : Ryle ne souhaite pas remplacer en philosophie de l'esprit une position dualiste par une position moniste (il anticipe notoirement le risque d'être assimilé – ce qui n'a pas manqué – à un *béhavioriste*). Il épingle au contraire une erreur qui se retrouve aussi bien chez l'une que chez l'autre[1]. Cela veut aussi dire qu'il peut y avoir une erreur de catégorie qui dépasse le niveau intra-propositionnel. Ce n'est pas qu'il y a un problème avec « Elle a acheté un gant de la main droite et elle a acheté un gant de la main gauche » ou qu'il y a un problème avec « Elle a acheté une paire de gants » : c'est la conjonction des deux qui relève d'une erreur de catégorie.

1. Cf. *ibid.*, p. 12, où Ryle liste quelques « conséquences intéressantes » qui s'ensuivraient si sa démonstration réussissait : « Premièrement, le contraste sacré entre la Matière et l'Esprit serait dissipé, mais dissipé par aucune des absorptions tout aussi sacrées de l'Esprit par la Matière ou de la Matière par l'Esprit, mais d'une toute autre façon. Car le contraste apparent entre les deux se révélera être aussi illégitime que serait le contraste entre “elle est rentrée en chaise à porteurs” et “elle est rentrée en pleurs”. La croyance qu'il y a une opposition polaire entre Esprit et Matière est la croyance que ce sont des termes de même type logique. »

Si on revient sur l'exemple fameux extrait de notre texte, l'erreur consiste alors à conjoindre dans un seul et même propos « il y a les laboratoires, et il y a les bibliothèques, et il y a le théâtre, etc. *et il y a l'université* »[1].

Et il s'agit bien d'une erreur de *catégorie* car ces conjonctions échouent à prendre en compte la différence de catégorie (entre l'université et la bibliothèque, entre un gant et une paire de gant, entre un contribuable et le contribuable moyen, entre une division et un bataillon, entre lancer la balle et faire preuve d'esprit d'équipe, etc.) ou prétendent à tort qu'il y aurait une catégorie qui pourrait recouvrir chacun des éléments de la conjonction. Naturellement, cela ne veut pas dire que les cas de discrépance prédicative ne sont *pas* des erreurs de catégorie, mais simplement que le paradigme de l'erreur de catégorie n'est pas celui de la discrépance prédicative. Le paradigme de Ryle n'est pas du tout celui d'un *double* décompte (comme si *une seule et même chose* avait été comptée deux fois). La question sur laquelle il s'attarde est en fait la question du décompte trans-catégorique.

Compter et mal compter

Il nous faut alors distinguer deux problèmes :

– Le problème de savoir s'il y a ce que l'on pourrait appeler une « présupposition sortale » inhérente à tout dénombrement : est-il nécessaire – pour compter – d'utiliser un terme de sorte F qui, d'une certaine façon, *guide* et rend possible notre décompte ? Un tel terme

1. *Cf.* G. Ryle, *The Concept of Mind*, *op. cit.*, p. 11-12 : « Mais je veux dire que la phrase "il se produit des processus mentaux" ne signifie pas la même sorte de chose que "il se produit des processus physiques", et, donc, qu'il n'y a pas de sens à les conjoindre ou à les disjoindre ».

de sorte permettrait notamment de dire quand nous avons affaire au même F et quand nous avons affaire à un autre F, *i.e.* qu'il fournirait ce que l'on appelle un « critère d'identité ».

– Le problème de la disponibilité et de l'intelligibilité d'un terme trans-catégorique qui permettrait un décompte *à travers les catégories*. Les termes proposés comme étant de bons candidats à ce rôle se trouvent généralement parmi les éléments de cette liste : « chose », « individu », « item », « élément » « être », « étant », « existant », « objet »[1].

Sur le premier front, Ryle soutient à juste titre qu'il est bel et bien nécessaire – pour compter – d'utiliser un terme de sorte guidant le décompte. Tout dénombrement nécessite un concept, mais cela ne veut pas dire pour autant qu'il n'y a pas de concept susceptible de *tout recouvrir*. Or, Ryle soutient également, ici aussi à juste titre, sur le second front qu'il n'y a *pas* de terme trans-catégorique susceptible d'accomplir la tâche d'un décompte universel (décompte qui balaierait toutes les catégories). Et c'est l'affirmation contraire qui fournit selon Ryle le meilleur exemple d'une erreur de catégorie[2]. On se souvient d'un passage éloquent,

1. Ce problème étant bien entendu un écho dans la lignée des perplexités médiévales, dont nous avons pu voir l'origine aristotélicienne, concernant l'existence d'un *summum genus* (un genre suprême).

2. Dans un article antérieur que nous avons évoqué plus tôt, Ryle était d'ailleurs déjà tout à fait explicite sur ce point : « Mais il n'y a pas et il ne peut pas y avoir le moindre titre univoque pour toutes les *significata* des expressions, puisque s'il y avait un tel titre, toutes ces *significata* seraient d'un seul et même type. Et c'est ce qui est au fond erroné dans la terminologie lockéenne des "idées" et dans la terminologie meinongienne des "objets", mots qui étaient employés pour accomplir précisément cette tâche impossible » (G. Ryle, « Categories », *op. cit.*, p. 189).

et néanmoins fréquemment critiqué extrait du chapitre dans lequel se trouve notre texte :

> Il est parfaitement acceptable de dire, avec un certain ton logique dans la voix, qu'il existe des esprits, et de dire, avec un autre ton logique dans la voix, qu'il existe des corps. Mais ces expressions n'indiquent pas deux espèces différentes d'existence, car « existence » n'est pas un mot générique comme « coloré » ou « sexué ». Elles indiquent deux sens différents du verbe « exister », comme d'une certaine façon le verbe « *rising* » a des sens différents dans « la marée monte » [*the tide is rising*], « L'espoir renaît » [*hopes are rising*] et « l'espérance de vie augmente » [*the average age of death is rising*]. Ce serait faire une mauvaise blague que de dire qu'il y a trois choses qui sont en train de monter [*three things are now rising*], à savoir la marée, l'espoir, et l'espérance de vie. Ce serait une plaisanterie aussi bonne ou aussi mauvaise que de dire qu'il existe des nombres premiers, des mercredis, des opinions publiques et des armées de mer; ou qu'il existe des esprits et des corps[1].

Ryle est ici très aristotélicien : « existence » (et ses variantes nominalisées « existant », « être », etc.) n'est pas un terme *de genre*. Il n'autorise donc pas les décomptes. Rappelons en effet un propos du philosophe de Stagire :

> Or il faut toujours que la mesure soit ce qui appartient de manière identique à toutes les choses <mesurées>, par exemple si ce sont des chevaux, la mesure est le cheval ; si ce sont des humains, c'est l'humain. Mais si ce sont un humain, un cheval et un dieu, c'est sans doute l'animal et leur nombre sera un nombre d'animaux. Mais si ce sont « être humain », « blanc » et « en marche », il n'y a pas du tout de nombre qui les mesure parce que tous

1. G. Ryle, *The Concept of Mind*, *op. cit.*, p. 12.

> appartiennent à la même chose, numériquement une ; à la rigueur, leur nombre sera un nombre de genres ou d'un autre terme de cette sorte.[1]

Il y a donc une lignée qui va clairement d'Aristote jusqu'à Ryle. Toujours est-il qu'il s'agit là – c'est du moins ce que je voulais montrer – de deux thèses cruciales pour comprendre les erreurs de catégorie. Il ne me sera pas possible, faute de place, de défendre ces deux thèses comme elles le méritent, mais je noterais quelques brèves remarques qui jouent en leur faveur. Partons d'un cas ordinaire. Soient les livres de la bibliothèque de Charlotte. Je peux alors, comme on dit, *quantifier* sur ces livres : je peux dire par exemple qu'ils pèsent *tous* plus d'un certain poids, qu'ils ont *tous* une jaquette colorée, je peux dire qu'*aucun* n'est relié, que *certains* sont en mauvais état, etc. Autrement dit, je peux tenir des propos généraux à leur sujet, propos généraux qui peuvent être vrais ou faux. Je peux également faire le décompte des livres de cette bibliothèque. Je prends un livre, je compte un, je prends un *autre* livre (que ce premier), je compte deux, je prends encore un *autre* livre (que ces deux premiers), je compte trois, et ainsi de suite. Quand il ne reste plus de livre à compter, j'arrive, si je n'ai pas fait d'erreur, sur le *nombre* de livres de la bibliothèque. Une expression (ou un concept) comme « les livres de la bibliothèque de Charlotte » s'insère donc parfaitement dans ces pratiques de quantification et de dénombrement. En contraste, que se passe-t-il si je considère l'expression « les objets » (sans qualification) ? Pourrais-je alors quantifier sur les objets ? Mais surtout : pourrais-je en faire le décompte ? Ryle et Aristote estiment que nous ne le pourrions pas. Comment comprendre « Nous ne pourrions pas en faire

1. Aristote, *Métaphysique N*, 1088a5-15.

le décompte » ? Il y a deux façons de *ne pas réussir* à faire un décompte :

– Nous ne réussissons pas à faire un décompte car nous avons affaire à une infinité d'objets. Dans un tel cas de figure, je peux éventuellement *commencer* à compter, mais je ne peux pas terminer. L'écueil est donc qu'une telle opération n'a pas de *fin*.

– Nous ne réussissons pas à faire un décompte car nous ne savons pas comment *commencer* à compter. L'écueil est donc qu'une telle opération n'a pas de début, et donc plus fondamentalement qu'aucune opération n'a ainsi été proposée.

C'est bien entendu dans ce deuxième sens qu'il n'est pas possible de faire un décompte des objets (sans plus)[1]. Autrement dit, nous ne sommes pas comme submergés par la tâche à accomplir (ce n'est pas comme s'il fallait compter les grains de sable, mais en pire). C'est que nous n'avons pas encore identifié de tâche à accomplir, ce qui est beaucoup plus grave. Il n'y a alors rien qui soit « compter les objets (sans plus) » (c'est une pseudo-tâche, tout comme « jouer de l'orchestre », « épeler une lettre »[2] ou « jeter un coup d'œil à une sensation »[3] sont des pseudo-tâches).

On se demandera peut-être pourquoi nous ne pourrions pas *commencer* à compter les objets. La réponse à cette question passe par la considération suivante : nous ne pouvons pas commencer à compter les objets car nous ne comprenons pas, en premier lieu, ce que prendre ou considérer *un seul* objet peut vouloir dire, c'est-à-dire

1. *Cf.* également P. T. Geach, *Reference and Generality*, *op. cit.*, p. 63, 77 ; et M. Dummett, *Frege, Philosophy of Language*, New York, Harper & Row, 1973, p. 547.

2. *Cf.* G. Ryle, *The Concept of Mind*, *op. cit.*, p. 186.

3. *Ibid.*

qu'il n'y a aucune réponse disponible à la question : qu'est-ce qui va *compter* comme *un seul* objet? Nous ne comprenons pas, en second lieu, ce que prendre un *autre* objet peut signifier, c'est-à-dire qu'aucune réponse n'est fournie à la question : qu'est-ce qui va compter comme un objet *différent* du premier? Nous n'avons donc pas de critère d'identité et de distinction des objets. Or, comme nous l'avons vu dans le cas des livres de la bibliothèque de Charlotte, ces critères jouent un rôle clé au moment du décompte. Ce qui vaut pour « objet » vaut également pour les autres candidats de la liste donnée plus haut (« chose », « entité », etc.). Cela veut simplement dire que ces termes ne sauraient s'insérer dans nos pratiques de quantification et de dénombrement ordinaires.

L'impression contraire s'expliquera par un remplacement clandestin : si je substitue par exemple aux termes « objet », « chose », « étant », etc. un terme ou un concept qui permet justement un décompte, c'est-à-dire un terme gouverné par un critère d'identité, mes difficultés s'évanouissent. Si quelqu'un arrive à la conclusion qu'il a réussi à « compter les objets qui se trouvent dans sa maison », il aura vraisemblablement utilisé un critère d'identité propre aux artéfacts, critère selon lequel, *grosso modo*, comptera comme un objet un artéfact complet, relativement solide et déplaçable, individué par sa fonction : sa lampe comptera comme un objet, mais non pas l'abat-jour de sa lampe. Il ne comptera *pas* comme un objet sa prise murale, son animal de compagnie, un grain de sable, la jalousie qu'il ressent pour son voisin, la goutte d'eau sur le rebord de sa baignoire ou la disposition de ses meubles. En ajoutant subrepticement cette caractéristique, notre personnage aura précisément doté le terme « objet » ou « chose » d'un rôle qu'il ne saurait jouer sans : celui de spécifier ce dont il parle (en permettant notamment d'avoir un usage réglé du terme, et de rentrer ainsi dans le jeu du correct et de l'incorrect).

Récapitulons. L'exemple paradigmatique d'une erreur de catégorie est lié non pas à un cas de mauvaise prédication, mais à un cas de mauvaise conjonction : cela veut dire que la question des *différences de catégorie* est *antérieure* à la question des erreurs de catégorie. Il faut donc déjà avoir à sa disposition des différences de catégorie pour pouvoir identifier les cas paradigmatiques d'erreurs de catégorie.

ERREURS DE CATÉGORIE ET « POUVOIRS LOGIQUES »

Maintenant, on sait que la question de la (ou des) méthode(s) pour mettre au jour les différences de catégories n'a pas été pour Ryle l'objet d'une théorie articulée. On trouve au sein de son œuvre quelques remarques incontestablement impressionnistes indiquant que les différences de catégories de deux expressions sont révélées par les différents « pouvoirs logiques » de ces expressions. Il faut comprendre par-là que des expressions sont de catégories différentes quand elles n'ont pas la même place ou le même rôle dans un réseau d'inférences et de conséquences. Une expression autorisera alors par exemple, quand elle est utilisée dans un propos, que ce propos en implique un autre tandis que la seconde l'exclura dans des circonstances similaires. De la même façon, une expression utilisée dans un propos particulier sera telle que ce propos est la conséquence d'un autre, tandis que ce ne serait pas le cas pour l'autre expression. Cette façon de parler du « pouvoir logique » des expressions se confond parfois avec l'image d'une « géographie logique » des expressions, image que nous avons déjà mentionnée. Cette dernière image a été utilisée à la fois et indépendamment par Wittgenstein et par Ryle et doit se comprendre *via* l'opposition de la *carte* et du *territoire* : de la même façon qu'une personne peut très bien s'orienter sans le moindre problème sur un territoire avec lequel elle est familière sans qu'elle soit pour autant capable d'en dresser la carte, une personne peut très bien utiliser sans le moindre problème un concept sans qu'elle soit pour autant capable d'en dresser les règles d'usage[1]. Les aptitudes et les capacités d'usage d'un concept et de description de l'usage d'un concept ne se recoupent pas forcément, tout comme les aptitudes d'orientation *in situ* ne recoupent pas forcément celles touchant au maniement du compas, de l'équerre, des projections et autres techniques cartographiques. De la même façon, l'aptitude propre à la maîtrise de l'usage d'un concept ne se transfère pas nécessairement vers l'aptitude consistant à en dresser les règles qui gouvernent son usage, aptitude qui demande une certaine sensibilité et qui requiert une vue synoptique (puisqu'il faut alors ratisser large en prenant en compte une multitude de contextes). Cette dernière aptitude est tout à fait spéciale. C'est précisément au philosophe qu'il revient de dresser cette « géographie logique ». Au cours des brèves pages d'introduction de *The Concept of Mind*, Ryle fait justement allusion à ce que cela pourrait signifier de « déterminer la géographie logique des concepts » :

> Déterminer la géographie logique des concepts, c'est révéler la logique des propositions dans lesquelles ils sont maniés, c'est-à-dire montrer avec quelles autres

1. Voir par exemple L. Wittgenstein, *Fiches*, Paris, Gallimard, 2008, § 121.

> propositions elles sont consistantes et inconsistantes, quelles propositions en découlent et de quelles propositions elles découlent. Le type ou la catégorie logique auquel un concept appartient est l'ensemble des manières par lesquelles il est logiquement légitime d'opérer avec lui[1].

C'est précisément parce que les façons ou les manières par lesquelles il est logiquement légitime d'opérer avec un concept ne sauraient être circonscrites par avance (il n'y a pas en l'espèce de *déduction transcendantale des catégories*) qu'il n'y a pas – pour Ryle – de *théorie* des catégories. Le point sans doute le plus important des remarques méthodologiques de Ryle est que l'accusation d'erreur de catégorie ne saurait constituer le fin mot d'une enquête philosophique, mais qu'elle peut en revanche très bien constituer son point de départ. On comprend alors pourquoi l'idée même d'identifier *parmi les phrases* celles qui sont des erreurs de catégorie s'avère, du point de vue de Ryle, égarante. L'œuvre majeure de Ryle se conforme parfaitement à cette recommandation puisque *The Concept of Mind* commence en effet par ce diagnostic et entend l'établir ensuite en montrant tout au long de l'ouvrage les multiples points de rupture qui permettent de justifier cette accusation particulière.

Dans le recueil de conférences publié sous la forme d'un livre intitulé *Dilemmas*, et publié quelques années après *The Concept of Mind*, Ryle se montre encore plus prudent avec l'idiome des « catégories » : parler de « catégories », dit-il, peut au mieux être utile comme un moyen mnémotechnique possédant quelques associations bénéfiques (nous rappelant par exemple que certaines questions vont se poser quand d'autres ne se poseront

1. G. Ryle, *The Concept of Mind*, *op. cit.*, p. LX.

pas). Mais parler de « catégories » peut aussi, prévient-il, constituer un obstacle si « on lui prête les vertus d'un passe-partout »[1]. Ici aussi, c'est donc pour des raisons philosophiques profondes qu'on ne trouvera pas chez Ryle de théorie des catégories (ou de théorie des erreurs de catégorie).

De la même façon, on comprend incidemment dans ces passages méthodologiques que la quête du *bon nombre* de catégories n'a jamais été pour Ryle un objectif qu'il aurait pris au sérieux[2]. Il y a une sorte de confusion, soutient Ryle, à penser que les catégories seraient en nombre fini et que le rôle du philosophe serait de déterminer quel est ce nombre. Il n'y a pas, dit-il, « simplement deux ou dix *métiers* logiques différents ouverts pour les termes ou les concepts que nous employons aussi bien dans des discours ordinaires que dans des discours techniques, il y a un nombre indéfini de ces *métiers* différents et un nombre indéfini de dimensions dans ces différences »[3]. Sans doute pourrait-on dire, pour revenir sur la critique de Smart, qu'il y a en effet des différences de catégories fines (un tabouret n'est pas le même *type de meuble* qu'une chaise) et des différences de catégories plus épaisses (un événement n'est pas du même type qu'une qualité).

Les réflexions précédentes sur la forme logique des erreurs de catégorie (et l'insistance de Ryle que l'erreur de catégorie prend le plus souvent la forme d'une conjonction dans le contexte d'une énumération) nous permettent d'articuler toutefois un critère que Ryle n'explore pas ou

1. G. Ryle, *Dilemmas*, Cambridge, Cambridge University Press, 1954, p. 9.

2. Voir les remarques dès 1938 dans « Categories », p. 210. Voir également *Dilemmas*, p. 9-13.

3. *Ibid*, p. 10 (avec « métiers » en français dans le texte).

pas suffisamment : c'est seulement, dirons-nous, passé un certain seuil dans ces différences que l'on peut avoir une *authentique* erreur de catégorie et c'est notamment lorsqu'un authentique concept de recouvrement n'est plus disponible que nous arrivons à une irréductibilité catégoriale. C'est en particulier à cet endroit que les risques de confusion sont les plus considérables. Il n'y aurait évidemment aucune difficulté à compter les pommes *et* les poires dans un panier dans la mesure où nous avons à notre disposition le concept de recouvrement « fruit », tout comme il n'y a aucune difficulté à compter les tabourets *et* les chaises puisque nous avons à notre disposition le concept de recouvrement « meuble » (ou « siège »). Il y a en revanche une difficulté tout à fait spéciale dans l'affirmation qu'il y a – comme nous l'avons vu – des esprits *et* des corps (précisément parce qu'aucun concept de recouvrement ne saurait être disponible).

Pour surmonter cette difficulté, il faut alors montrer qu'il y a une forme d'inattention à l'égard de certaines caractéristiques plus ou moins subtiles des concepts en présence, et que ce qui joue dans la tentation de penser l'esprit sur le modèle du corps doit être mis au jour et examiné : pourquoi suppose-t-on, par exemple, qu'il *doit* y avoir, pour distinguer un mouvement corporel volontaire d'un mouvement corporel indiscernable mais qui serait néanmoins involontaire, un acte de volonté (ou « volition ») antécédent dans le premier cas qui serait absent dans le second ? Certaines images et certaines pressions guident alors notre pensée. En particulier des images liées à la causalité physique – sur le modèle de l'effet domino – nous « tiennent captifs » ; des images qui, en outre, assimilent l'esprit à un « second champ de causes particulières »[1].

1. G. Ryle, *The Concept of Mind*, *op. cit.*, p. 51.

On résiste à ces pressions de plusieurs façons. Tout d'abord en se remémorant que personne ne dit jamais qu'il était occupé à vouloir ceci ou cela, personne ne prétend jamais s'*entraîner à vouloir* telle ou telle chose, personne ne s'excuse jamais d'avoir voulu *x* ou *y*, aucune personne n'est en mesure *de dire quoi que ce soit* de ces volitions supposées. En réalisant dans cette même lignée l'incongruité à imaginer qu'un tel acte putatif puisse être accéléré ou décéléré (qu'on puisse vouloir *plus vite* ou *moins vite*), qu'il puisse être difficile (qu'on puisse peiner à vouloir[1]), plaisant (qu'on puisse *aimer* vouloir), soudain, appris, oublié, interrompu, l'objet de louanges ou de reproches, etc.[2] En faudrait-il plusieurs, demandera-t-on encore, pour effectuer volontairement une action complexe ? Dois-je avoir par exemple – si je récite volontairement l'alphabet – une volition antérieure à chacune des lettres de l'alphabet ? Dois-je en avoir une avant chaque respiration ? Dois-je en avoir trois lorsque je dis « W » ?

On résistera également à ces images en constatant qu'un tel acte de volonté n'expliquerait rien du tout puisqu'il serait lui-même susceptible d'être qualifié de volontaire ou d'involontaire, ce qui n'enlèverait ainsi au mouvement corporel qui nous interpellait initialement rien de ce qui le rendait alors mystérieux. Une telle qualification ouvrirait en réalité la porte tantôt à une régression à l'infini, si on jugeait un tel acte volontaire, et tantôt à une absurdité, si on le jugeait involontaire : par quel prodige quelque chose d'involontaire pourrait-il en effet être la cause de quelque chose de volontaire ? Ce sont ces différents points de rupture (et bien d'autres) qui suggèrent qu'il y

1. On peut certes parfois peiner *à choisir*, mais pas à vouloir.
2. *Ibid.*

a ici quelque chose qui cloche dans cette « doctrine des volitions ». En particulier, ce qui cloche est qu'une telle doctrine est construite sur le modèle d'une hypothèse causale parce qu'on a supposé – à tort selon Ryle – que la question « Qu'est-ce qui fait qu'un mouvement corporel est volontaire ? » était une question causale [1]. Réaliser que cette supposition est – au bout du compte – *absurde* et relève bel et bien d'une erreur de catégorie est libérateur puisqu'on abandonne alors du même coup tout un tas de questions qui ne sont rien d'autre que les héritières de cette absurdité initiale.

L'accusation d'erreur de catégorie n'est pourtant pas, on l'aura compris, un raccourci pour éviter de se confronter aux difficultés. Elle demande, comme toutes les accusations, à être bien fondée. Elle inaugure en outre un procès qui, s'il aboutit à une victoire, aura pour effet de réorganiser radicalement notre façon d'aborder certains problèmes. Ce qui constitue toutefois une victoire passe davantage par la conversion des regards que par l'établissement d'une *preuve.* Il faut en effet accepter de voir les usages des concepts en jeu de manière synoptique et être sensible aux contextes d'apparition de ces usages. Il faut en outre se débarrasser de certaines obsessions, comme l'idée qu'il y aurait à découvrir des règles algorithmiques susceptibles de faire le tri entre ce qui est absurde et ce qui ne l'est pas.

1. G. Ryle, *The Concept of Mind*, *op. cit.*, p. 54.

TABLE DES MATIÈRES

DANS LA MÊME COLLECTION

Hicham-Stéphane AFEISSA, *Qu'est-ce que l'écologie ?*
Christophe AL-SALEH, *Qu'est-ce qu'une couleur ?*
Bruno AMBROISE, *Qu'est-ce qu'un acte de parole ?*
Jean-Pascal ANFRAY, *Qu'est-ce que la nécessité ?*
Alain ANQUETIL, *Qu'est-ce que l'éthique des affaires ?*
Valérie AUCOUTURIER, *Qu'est-ce que l'intentionalité ?*
Anne BAUDART, *Qu'est-ce que la démocratie ?*, 2e édition
Anne BAUDART, *Qu'est-ce que la sagesse ?*
Jiry BENOVSKY, *Qu'est-ce qu'une photographie ?*
Bruno BERNARDI, *Qu'est-ce qu'une décision politique ?*
Christian BERNER, *Qu'est-ce qu'une conception du monde ?*
Serge BOARINI, *Qu'est-ce qu'un cas moral ?*
Pol BOUCHER, *Qu'est-ce que l'interprétation juridique ?*
Hélène BOUCHILLOUX, *Qu'est-ce que le mal ?*
Christophe BOURIAU, *Qu'est-ce que l'humanisme ?*
Christophe BOURIAU, *Qu'est-ce que l'imagination ?*, 2e édition
Thomas BOYER-KASSEM, *Qu'est-ce que la mécanique quantique ?*
Florent BUSSY, *Qu'est-ce que le totalitarisme ?*
Alain CAMBIER, *Qu'est-ce qu'une civilisation ?*
Alain CAMBIER, *Qu'est-ce que l'État ?*
Alain CAMBIER, *Qu'est-ce qu'une ville ?*
Alain CAMBIER, *Qu'est-ce que la métaphysique ?*
Patrice CANIVEZ, *Qu'est-ce que la nation ?*
Patrice CANIVEZ, *Qu'est-ce que l'action politique ?*
Philippe CAPET, *Qu'est-ce que mentir ?*
Jean-Marie CHEVALIER, *Qu'est-ce que raisonner ?*
Simon-Pierre CHEVARIE-COSSETTE et Christian NADEAU,
Qu'est-ce que la responsabilité ?
Stéphane CHAUVIER, *Qu'est-ce qu'un jeu ?*

Stéphane CHAUVIER, *Qu'est-ce qu'une personne ?*
Paul CLAVIER, *Qu'est-ce que la théologie naturelle ?*
Paul CLAVIER, *Qu'est-ce que le bien ?*
Paul CLAVIER, *Qu'est-ce que le créationnisme ?*
Jean-Pierre CLÉRO, *Qu'est-ce que l'autorité ?*
Jean-Pierre COMETTI, *Qu'est-ce qu'une règle ?*
Adélaïde DE LASTIC, *Qu'est-ce que l'entreprise ?*
Marc DE LAUNAY, *Qu'est-ce que traduire ?*
Steeves DEMAZEUX, *Qu'est-ce que la folie ?*
Guy DENIAU, *Qu'est-ce que comprendre ?*
Guy DENIAU, *Qu'est-ce qu'interpréter ?*
Julien DEONNA et Fabrice TERONI, *Qu'est-ce qu'une émotion ?*
Jérôme DOKIC, *Qu'est-ce que la perception ?*, 2 e édition
Filipe DRAPEAU CONTIM, *Qu'est-ce que l'identité ?*
Éric DUFOUR, *Qu'est-ce que le cinéma ?*
Éric DUFOUR, *Qu'est-ce que la musique ?*,2 e édition
Julien DUTANT, *Qu'est-ce que la connaissance ?*
Michel FABRE, *Qu'est-ce que problématiser ?*
Hervé GAFF, *Qu'est-ce qu'une œuvre architecturale ?*
Benoît GAULTIER, *Qu'est-ce que le pragmatisme ?*
Pierre GISEL, *Qu'est-ce qu'une religion ?*
Jean-Yves GOFFI, *Qu'est-ce que l'animalité ?*
Denis GRISON, *Qu'est-ce que le principe de précaution ?*
Gilbert HOTTOIS, *Qu'est-ce que la bioéthique ?*
Annie IBRAHIM, *Qu'est-ce que la curiosité ?*
Catherine KINTZLER, *Qu'est-ce que la laïcité ?*, 2 e édition
Sandra LAPOINTE, *Qu'est-ce que l'analyse ?*
Michel LE DU, *Qu'est-ce qu'un nombre ?*
Pierre LIVET, *Qu'est-ce qu'une action ?*, 2 e édition
Louis LOURME, *Qu'est-ce que le cosmopolitisme ?*
Fabrice LOUIS, *Qu'est-ce que l'éducation physique ?*
Michel MALHERBE, *Qu'est-ce que la politesse ?*
Paul MATHIAS, *Qu'est-ce que l'internet ?*
Lorenzo MENOUD, *Qu'est-ce que la fiction ?*
Michel MEYER, *Qu'est-ce que l'argumentation ?*, 2 e édition
Michel MEYER, *Qu'est-ce que le théâtre ?*
Anne MEYLAN, *Qu'est-ce que la justification ?*
Cyrille MICHON, *Qu'est-ce que le libre arbitre ?*
Paul-Antoine MIQUEL, *Qu'est-ce que la vie ?*

Jacques MORIZOT, *Qu'est-ce qu'une image ?*, 2 e édition
Gloria ORIGGI, *Qu'est-ce que la confiance ?*
Mélika OUELBANI, *Qu'est-ce que le positivisme ?*
Claire PAGÈS, *Qu'est-ce que la dialectique ?*
Claude PANACCIO, *Qu'est-ce qu'un concept ?*
Denis PERRIN, *Qu'est-ce que se souvenir ?*
Roger POUIVET, *Qu'est-ce que croire ?*, 2 e édition
Roger POUIVET, *Qu'est-ce qu'une œuvre d'art ?*
Julien RABACHOU, *Qu'est-ce qu'un monde ?*
Manuel REBUSCHI, *Qu'est-ce que la signification ?*
Dimitrios ROZAKIS, *Qu'est-ce qu'un roman ?*
Jean-Marc SÉBÉ, *Qu'est-ce qu'une utopie ?*
Yann SCHMITT, *Qu'est-ce qu'un Dieu ?*
Alexander SCHNELL, *Qu'est-ce que le phénomène ?*
Franck VARENNE, *Qu'est-ce que l'informatique ?*
Hervé VAUTRELLE, *Qu'est-ce que la violence ?*
Joseph VIDAL-ROSSET, *Qu'est-ce qu'un paradoxe ?*
Joseph VIDAL-ROSSET, *Qu'est-ce que la négation ?*
John ZEIMBEKIS, *Qu'est-ce qu'un jugement esthétique ?*

Achevé d'imprimer en août 2025
sur les presses de
La Manufacture - Imprimeur – 52200 Langres
Tél. : (33) 325 845 892
N° imprimeur 250570 – Dépôt légal : août 2025
Imprimé en France